人の集まる家づくり、人の集まる会社づくり

健康住宅株式会社
専務取締役
畑中弘子

ACHIEVEMENT PUBLISHING

はじめに

まずはこの書籍を手にしてくださったこと、心から感謝申し上げます。

私は福岡県福岡市にある健康住宅株式会社という住宅専門会社で専務取締役をしている畑中弘子《はたなかひろこ》と申します。弊社代表の畑中直《すなお》は私の夫です。

私は夫と結婚してこの会社に入社しました。正直に申しますと、入社することになったのは、会社の経営がうまくいってなかったからです。20年近く前、夫は父親の会社の数億円の借金を引き継ぎ、経済的にも精神的にも苦しいときに私と結婚しました。誰にも言えない経営者の苦しみを身近に感じながら、私にも何かできることはないかという想いで入社しました。

そんな倒産の危機にあった弊社ですが、創立26年目を迎え、ハウス・オブ・ザ・イヤー・イン・エナジーを13年連続受賞できる企業に成長しました。ハウス・オブ・ザ・イヤー・イン・エナジーとは、一般財団法人日本地域開発センターが省エネルギー性能に優れた住宅を表彰するもので、2016年、2020年には「大賞」を受賞しています。

弊社の誇る「高性能住宅」は、断熱性、気密性、耐震性、耐久性がいずれも高く、一般的な住宅よりも快適で健康に過ごせる家です。数々の優れた機能のため、光熱費が抑えられ、災害にも強いメリットがあります。常にお客様の住み心地と健康を追求し、地球にも優しいエコな住宅を提供してきたことが認められ、毎年の受賞につながったのだと思います。

また、2014年に全国の名だたる企業の中から経済産業省による「おもてなし経営企業選」100社、2019年に「働きがいのある会社」ランキング60位（中規模部門）にそれぞれ選出されました。最近、2024年1月には福岡県から「木造・木質化建築賞」特別賞をいただき、商品の性能やデザインが認められ、地域に貢献できる企業に成長してきたなと感じております。

ここまで弊社が存続することができたのも、「企業は人なり」つまり「企業は人の成長なくして成長できない」の価値観を大切に、夫婦共に二人三脚で歩み、私たちについてきてくれた社員がいてこそだと思います。夫も私も学ぶことを忘れず、社員にそれを分かち合い、社員と共に積極的に学び続けてきたことが今を支えてくれています。

企業をひとつの体と考えるならば、経営者、幹部、社員が三位一体でないと、経営はうまくいきません。私たちの頭と手と足がバラバラだったら、頭が指示した通りに手と足が動いてくれなかったら、したいこともできませんよね。

よい会社に成長するために三位一体はとても大切ですが、もちろん、社員は指示や命令通りに動けばいい、という意味ではありません。経営者は判断するのが仕事です。そして、幹部と社員は、その経営者の判断を正解へと導く能力を持たなければいけないのです。私たちはそのように考えます。

人間には寿命があり、いつかは天に召されます。しかし、企業は永続することができます。企業の永続は、お客様にとっても大切なことです。特に私たち家づくりをする者は、企業存続がお客様のための最重要事項だと考えます。私たちを選んでくださったお客様が安心して何十年も暮らすために、何かあればいつでも相談にのれる存在でなければならないからです。

では企業が生き残るために何が必要か。そして、経営者はどんな価値観（理念）を持てば成功できるのか。また、そこに集う幹部や社員の価値観はどうあるべきか。同じ船に乗る者同士がよい会社、よい商品をつくるには、どんな会社組織を目指せばいいのか。社会に必要とされる企業になるために、経営者として、幹部として、また一社員として、私たちに何ができるのか。

この本が、そういったことを考える一助になれれば、うれしいです。

本の内容は、弊社で働く社員に私が何時間もかけてインタビューし、実際に聞いたことを本人になりきり、第一人称で語っています。嘘偽りがないか、本人に最終確認してもらったので、もちろん１００％の実話です。なお、社員の個人情報を守るため、第1～4章の主人公となる社員の名前はそれぞれ仮名でお届けします。

私は、この本を使って社員教育もしています。会社が大切にする価値観を社員に伝えるのは、なかなか難しいのですが、この会社で働く社員の実体験、リアルな人生のストーリーを新入社員や中途採用社員に伝えることで、先輩から多くを学ぶことができます。若い新人や本が苦手な人でも、毎日社内で会う先輩の話なので興味が湧き、この本はすぐに読んでくれるのです。

弊社で働く社員がどんな人たちで、どんな価値観を持っているのか。なぜこの会社でなければならないのか。読者のみなさんにとっても、経営の観点から、あるいは働く意味や価値を考えるうえで、よいヒントがたくさん詰まっていると思います。

この本を読まれた方から、よく言われる言葉があります。

「上司によくここまで話せますね。なんで社員さんが専務にこんな話をしてくれるのですか」

実は私もそう思いますが、社員は私を信じ、正直にたくさん打ち明けてくれました。本当にうれしいことです。私と社員、社長と社員、専務（妻）と社長（夫）の人間模様も垣間見えると思います。

ただ、私も最初から、社員が本音を話してくれるような人間では決してありませんでした。

短時間のパートスタッフから仕事を始め、お茶くみ、コピーとり、電話応対や受付など、なんでもやりました。社員との人間関係がうまくいかず、悩んだこともあります。それでも人から信頼される人間になりたいと自己研鑽し、努力を続けてきたのも事実です。私の詳しいリアルストーリーは第5章で紹介します。

みなさんが、会社で一緒に働く仲間のすばらしさや可能性に気づくきっかけになればうれしいですし、経営者の方には、社内のよりよい人間関係と高い実績を両立するヒントになれば幸いです。最後まで楽しんで読み進めていってくださいね。

２０２４年４月吉日

健康住宅株式会社　畑中弘子

Part 1

第3章

猛勉強の高校受験から一転、怠惰な学生生活へ／思い出したくもない16年間の暗黒時代／どうしても好きになれない上司／自分の選択だから、自分に責任がある。人のせいにするな！／楽な道を選ぶんじゃない！／人生の目的が3つ決まった瞬間／自分の強みはなんだ？ それを活かせばいい／私の人生を変えた運命の出会い／踏み出せ！ 勇気の第一歩／覚悟を決めたクロージング／みんなの力を借りて感動のプロポーズ／これまでの逆境はこれからの未来のためにある／「あったかい」夢のマイホーム、そして待望の息子の誕生

営業にもっとも大切なのは願望に寄り添う姿勢

111

家を建てたお客様が営業を志した理由 100%の自信が持てる生き方とは？

新築営業部
谷口夏樹さん（31歳、入社1年目）

「建てるなら、絶対、健康住宅がいいよ」／仕事のやりがいをはじめて考える／期待と不安が入り混じる……だけど、ここで働きたい！／小学校の一輪車で味わった一体感／剣道と塾に明け暮れる中学生／ブラスバンドにのめりこむ高校・大学時代／住んでいるからわかる。商品には100%の自信があります／ポジティブな行動力が人と人をつなぐ

Part 2

Part 1

第1章

がんばっていれば 神様は応援してくれる！

夫婦愛で乗り越えた
250個の土のう袋詰め作業

この章の主人公

住宅営業部
山《やま》崎《ざき》幸《さち》代《よ》さん（39歳、入社7年目）

著者から見た 山崎幸代さん

住宅営業部所属の山崎幸代さんは、現在39歳、入社7年目です。

まず、お伝えしたいのは、彼女は「武勇伝」をお持ちだということです。

彼女の夫は、私たちの会社で営業としてがんばってくれている山崎健《けん》志《し》さんです。私が彼女に出会うきっかけも、彼がつくってくれました。

約10年前の4月、桜が満開になる頃、社員たちと恒例のお花見をするのですが、その年は大雨で、花見ができず、仕方なく会議室にブルーシートを敷いてお弁当を広げ、みんなでワイワイやりました。休日にもかかわらず、昼間から50人くらい集まったと思います。家族同伴の社員も多く、初対面の方や子どもたちもいましたので、ひと家族ごと、みんなに自己紹介をすることになりました。

健志さんは独身だったので、ひとりで自己紹介をしました。前に立ち、家族に囲まれて幸せそうな仲間たちを見て触発されたのか、急に大きな声でこう言ったのです。

「営業の山崎健志です。どうぞよろしくお願いいたします。突然ですが、僕にも彼女ができました！」

満面の笑みで発表する彼に対して、居合わせた全員が拍手や歓声を送りました。私もそのニュースにびっくりしましたが、たいへんうれしく、

「今度ぜひ彼女と一緒に食事でもしましょう！」

と誘いました。それが彼女と会うきっかけになりました。

待ち合わせのレストランに彼女が健志さんと入ってきたとき、「感じのいい人だな」と思いました。明るく、笑顔がキラキラした女性です。当時は保険の外交員をしていました。保険の外交員というお仕事は、いろいろな人に会いに出向くことが多く、コミュニケーション能力が不可欠です。そのおかげか、彼女は初対面の私と話すときでも、笑顔で楽しい話をしてくれました。礼儀正しく、それでいて凛とした雰囲気もある女性でした。隣に座った健志さんは、食事中ずっとニコニコしっぱなしでした。職場では見られない幸せいっぱいの表情でした。ふたりは時折見つめ合い、見ているほうが恥ずかしくなるくらいラブラブでした。

それから数カ月後、ふたりは入籍し、さらにそれから1年後、幸代さんは私たちの会社に入社することになりました。保険と住宅とではまったく業界が異なりますが、営業経験があるので、住宅営業という仕事に就いてもらいました。

彼女は、入社してすぐに社員のみんなと打ち解けることができました。人柄のよさ、持ち前の明るさ、そしてコミュニケーション能力が役に立ったのだと思います。年下の社員からは慕われ、年上の社員からはかわいがられる存在でした。

夫婦共に同じ職場で働くことに抵抗がある人もいるかもしれませんが、山崎さん夫婦は仕事と家庭をうまく両立させていると思います。

一般的に、社内恋愛で結婚して同じ職場で働くケースは珍しくないと思いますが、私たちの会社では、社員の結婚相手の方が勤めていた会社を辞め、私たちの会社に入社するケースがときどきあるのです。だから、そのときも珍しいことではありませんでした。

幸代さんが長年勤続した会社を辞めて、私たちのところに来てくれたとき、正直、すごくうれしかったことを覚えています。彼女のような人がうちにもほしいなあと思っていましたから。彼女が入社を決めた理由を聞いて、私はもっと彼女を好きになりました。

「夫婦で同じ職場で働くことを選んだ理由」、みなさんも気になるのではないでしょうか。今までのキャリアを捨てて、この会社に入りたいと思ってくれた理由――。一大決心だったと思います。夫婦で働く方には、とても興味深い話ではないかと思います。

そして、入社してから気づいたのですが、彼女はすごいマンパワーの持ち主です。これぞ、「ザ・営業」といえる考え方を持っているのです。冒頭でもお伝えしましたが、入社して1年で「武勇伝」をつくりました。社長が感動して涙したほどの武勇伝です。

「営業とはどんなマインド（心構え）が大事か」、彼女のエピソードからしっかり伝わるはずです。実績がなかなか出ない営業職の方には特に役立つと思います。売れる営業と売れない営業の違い、それがよくわかるのではないでしょうか。それでは幸代さんに登場していただきます。ぜひ最後までお付き合いください。

住宅営業部

山崎幸代さん

私は鹿児島県の種子島生まれで、高校までは島でのどかに過ごしました。厳格な父と優しくて少し心配性の母に大切に育ててもらいました。大学進学に伴い、長崎ではじめてひとり暮らしをしました。親元を離れ、楽しいけれど少しさびしい大学時代でした。就職活動で生命保険会社に内定をもらい、そのご縁で福岡に勤めることになりました。22歳で長崎から福岡に引っ越し、生命保険外交員という営業職に就きました。

お客様のためなら、私にできることは何でもしよう！

毎日、お客様とお会いする約束（アポイント）を電話でとりつけ、お客様のいる会社を訪問したり、ご自宅に伺ったりと、とにかく歩くのが仕事でした。体力的にはきついですが、人と話すことが大好きだったので、苦に思うことはなく、この仕事が向いていると感じていました。

お客様は病気や事故などの「まさか」の事態に備えて保険に入ってくださいます。しっかりと商品説明をし、契約してもらうことが私の仕事でした。社会人として、もっともやりがいを実感するのは「保険の契約が成立したとき」です。歩合制の業界なので、契約していただけないと、給料は雀の涙です。少しでも豊かになりたくて、私は一生懸命、保険の仕事をしました。

この業界で学んだのは、「営業の一番の仕事は契約をとる」ということです。毎日、いろいろな会社を訪ね、そこで働く人と仲良くなり、その方たちの悩みを聞き、「まさか」のために保険に入っていただく、それが私の仕事でした。お客様が困らないように、そして幸せでいるために役立つ商品を提供していました。

31歳のとき、訪問先の会社の総務部にいる野田さんという男性から、

「僕の幼なじみで、独身男性がいるのだけど、よかったら女の子紹介してくれない？」

と言われました。「お客様のためなら、私にできることは何でもしよう」と思い、即答で「いいですよ」と言いました。そして同僚で仲良しの松島さんを紹介することにしました。

人生を変える運命の出会い

12月の寒い夜、私は松島さんを連れ、福岡の繁華街である中洲に行きました。海鮮がおいしい個室居酒屋で待ち合わせをしていました。紹介を依頼した野田さんは仕事の都合で来られず、代わりに彼の後輩のマサルさんが来てくれました。私は彼とも面識がありました。松島さんとふたりで待ち合わせの居酒屋に入ると、マサルさんも時間通りに来ました。

3人はお店の人に案内され、奥のほうにある個室に入りました。テーブルに着き、マサルさんに初対面の松島さんを紹介していると、ひとりの男性があわてて入ってきました。

「遅くなりました」

20分ほど遅れて到着した男性——それが健志さんとの出会いでした。仕事で遅くなったのだろうと特に気にせず、私は彼に松島さんを紹介しました。

こうして食事会が始まり、4人の会話はすぐに盛り上がりました。意気投合した私たちは、互いに面白い話をして笑い合いました。そのときちょうど外から入ってきたのか、蚊が1匹、私たちの部屋の中をせわしなく飛び始めました。テーブルの上を飛ぶ蚊に気づいた健志さんは、急にパチンと空を叩いたのです。その音に驚き、みんなは話を止め、彼の手を見ました。

「蚊をやっつけたの?」

健志さんが合わせた手を静かに離すと、手のひらに黒い点のようなものが見えました。しかし、彼は「ああー、残念、逃げられた」と言うのです。

「いえいえ、蚊をやっつけてますよ」と私が言いました。すると、健志さんは笑いながら、手のひらを私たちに見せてくれました。

「ああ、これ？　この黒いのはホクロですよ。ワハハ」

このエピソードは面白すぎて忘れられません。「この人、面白いなあ」と彼に好感を持ちました。しかし、この食事会のメインは松島さんと健志さんだったので、私の気持ちはこれ以上になることはありませんでした。

4人とも誕生月が12月という偶然もあり、今度はみんなの誕生パーティーをしようということになり別れました。そして12月中旬に誕生会でもう一度集まることができました。しかし、松島さんと健志さんはお互いに連絡先を聞くこともなく、その食事会も盛り上がっただけで終わりました。

私は紹介者として、後日、健志さんに電話して文句を言ったのを覚えています。

「あの、高田（旧姓）です。私、山崎さんに松島さんを紹介しましたよね。なぜ、彼女に電話番号を聞かないのですか。失礼だと思いませんか」

しかし、健志さんは電話番号を聞かないと言って電話は終わりました。

それからしばらくして、12月下旬頃に手帳を見ると、「山崎健志さんのお誕生日」と書いてありました。私は、保険の営業です。だから大事なお客様の誕生日には「お誕生日おめでとうございます」と電話をすることにしていました。そしてこのときも、いつものように電話をしました。

「山崎さん、今日、誕生日でしょ。お誕生日おめでとうございます！」

「ありがとうございます。わざわざ、そのために電話くれたの？」

「うん、山崎さんの誕生日だと思って」

「あの、年明けでもいいから、ふたりでごはんしたいんだけど、会えない？」

ふたりで食事に行こうと言われ、飲み会の席で面白い人だなと好感を持っていた私は、「じゃあ1月中旬ならいいよ」と軽い気持ちでその誘いをオーケーしました。

1月中旬、新年も明け、正月気分がまだ抜けないいまま、私たちは1カ月ぶりの再会をしました。中洲の焼鳥屋さんのコの字型のカウンターに、ふたり横並びで座りました。会話が弾み、閉店近くの時間になって気づいたら、お店に私たち以外、誰もいませんでした。4~5時間は話に夢中になっていたと思います。ふたりだけのはじめてのデートはこんな感じでした。そして、その日から、私は健志さんのことを考えるようになりました。

「私、彼のこと好きなのかしら。すごく温かくて、いい人で。一緒に長時間いてもちっとも疲れない。落ち着くなあ。こんなに疲れないのって、本気で好きなのかもしれない」

こんなふうに思っていた気がします。この頃から彼を男性として意識し始めたようです。ちょうど、いろいろな人間関係で悩んでいる時期でもありました。恋愛なんて考える余裕もなく、精神的に疲れきっていましたが、健志さんとの食事会でよく笑い、自分が元気になっていくのがわかりました。そして、いつのまにか「また、会いたいな」と思うようになりました。

数日して、また彼から食事の誘いがありました。うれしくて、すぐにオーケーしました。今度は会うのが楽しみで、ワクワクして出かけていったのを覚えています。

雰囲気のよい和風のお店のカウンターにふたりで座りました。お酒のCMに出てくるような高級感たっぷりのお店でした。入り口近くに座っていたせいか、出入り口のドアが開くたびに冷たい風が入ってきて背中が寒かったのですが、私の心はポッカポカでした。

2時間ほどの楽しい食事の時間が終わって、彼が「このあとカラオケにでも行く？」と言いました。歌うのはあまり好きではありませんが、まだ話していたいなと思った私は喜んでうなずき、カラオケボックスに行きました。

そのカラオケボックスで、私は健志さんから「真剣にお付き合いしてほしい」と言われたのです。32歳になり、「交際する人は結婚する人だ」と私は心に決めていました。だから、彼から真面目に告白されたときはうれしくて、感動の涙が溢れてきました。

「運命の人とやっと会えたのかな」

そう思いました。私たちは出会って2カ月で交際することになり、そして交際が始まって半年後に、彼がプロポーズをしてくれました。

究極のクロージングはおもてなしの心

クロージングとは、ビジネスの世界で「お客様と契約をする」という意味で使われますが、私にとってのクロージングとは、「お客様が契約を決断する」ために、こちら側が最高最善のおもてなしができたかが問われるものだと思っています。

同様に、プロポーズは「人生のパートナーを決める」神聖なものだと思います。彼は、私に最高の愛のクロージングをしてくれました。健志さんのクロージングのおかげで、「この人と結婚しよう」と決断することができたのです。では彼の最高のクロージングとはどんなものだったのか、少しだけお話します。

仕事が終わり、帰宅した私は自宅で彼が来るのを待っていました。彼は約束の時間にやってきて、いつも通りに食事したり、一緒にテレビを見たりと何気ない時間を過ごしていました。いつもと違ったのは彼がソワソワしていたことでした。

「今日は疲れたでしょ。お風呂でも入ってゆっくりしたら？」

「えっ、まだいいよ。入らなくても」

「いいから、いいから。ゆっくりお風呂に入っておいで」

彼はかなり強引に私にお風呂に入るよう言いました。「何かあるのかしら」と思いながら、私は言う通りにお風呂に入りました。しかし湯船に浸からず、シャワーだけにしたので、そんなに時間はかかりませんでした。浴室から出て部屋に戻ると、彼はいませんでした。

「あれ、いないな。どこかに買い物でも行ったのかな」

そう思いながら、私は冷蔵庫からビールを出し、ゴクゴクと飲んでいたら、玄関がガチャリと開いて、彼が飛び込んできました。走ってきた様子で、息を切らしていた彼は、風呂上がりの私の姿を見たとたん、そのまま玄関で立ち尽くしてしまいました。右手には、花束を抱えていました。

「何しているの」

思わず、彼に声をかけました。すると、

「あちゃー、見られちゃったね。サプライズでプロポーズしようと思っていたのに」

私に感動的なプロポーズをしようと、家から少し離れたパーキング（近所にはパーキングがありませんでした）に停めていた車まで全力疾走し、トランクに隠していた花束や指輪を取り出し、また走って戻ってきたというのです。お風呂に入っている間に、部屋にキャンドルをセッティングし、ロマンティックな雰囲気をつくって、私を驚かそうと計画していたのに、お風呂から出てくるのが早すぎて、計画が狂ったそうです。

この話を聞いた私は、うれしすぎて泣き出してしまいました。こんなプロポーズをしてくれるなんて思ってもいませんでした。その真剣な気持ちがうれしくて、私はこのとき、

「健志さんのよい妻になろう。山崎家の人間になって、これからの人生は、この人を大切にして生きていこう」

と、心に決めることができました。彼にとっては計画した通りの感動的なサプライズにはなりませんでしたが、私にはそれも最高の思い出となりました。

よいクロージングというのは、相手が想像する以上に誠心誠意、真心を尽くし、相手の幸せを自分の幸せと考え、相手が「この人なら間違いない」と提案を受け入れる、その決断を導くものだとあらためて思いました。

彼のようにお客様から深く信頼される営業になりたい！

サプライズのプロポーズから数カ月後、私たちは入籍しました。彼のお母様も、私のことをとても大事にしてくださり、同居することになりました。3人と老犬マルチーズ「マロン」との生活が始まりました。

ある日、いつも通り、彼が夜8時くらいに帰宅し、私たちは一緒に夕飯をとりました。お腹もいっぱいになり、ゆっくりリビングでくつろいでいるときのことでした。夜9時頃、健志さんの携帯電話の音がピンッと鳴りました。彼は画面を見て、急に満面の笑顔になりました。

「わあ、赤ちゃんが産まれたんだ〜。見てみて、さっちゃん。横山さんという僕のお客様の赤ちゃんが1時間前に産まれたんだって」

私は、「お客様が産まれたての赤ちゃんの写真を住宅メーカーの一営業マンである彼に送ってきたこと」に驚かされました。

「まあ、本当にかわいいわね〜。でも普通、生まれてすぐに担当の営業に連絡とかする？」

「横山さんは僕のこと、すごく信頼してくれているんだよ。先日お会いしたときにも、産まれたら連絡するねって言ってくれてたんだ。本当に写真を送ってきてくれるなんてうれしいよね」

　私はこのとき、彼とお客様との関係性を心の底からうらやましいと思いました。大学卒業以来、ずっと営業の仕事をしてきた私には、一度もそんな経験がなかったからです。お客様から「ありがとう」と言っていただく機会はあっても、彼のように、産まれてすぐの赤ちゃんの写真をもらうような親密な関係性をつくったことはありませんでした。

　同じ営業の仕事なのに、この差はいったい何なのだろうと思いました。住宅の営業職は、そんなにお客様から信頼されるものなのか、私の仕事と何が違うのか、様々な疑問が湧いてきました。それをきっかけに、私は彼の仕事にすごく興味を持つようになったのです。

「彼のようにお客様から深く信頼される営業になりたい！」

　保険の仕事に誇りを持っていた私にとって、このときのエピソードは自分自身の価値観を変えるものとなりました。

「健志さん、私もあなたの会社に入りたいな。私もあなたみたいな営業になりたい！」

決意！ 夫と同じ職場に入社、はじめての転職

赤ちゃんの写真が送られてきてから、私は健志さんの会社に入ることばかりを考えていました。

実は結婚前に、彼の会社の社長ご夫妻と食事をしたことがありました。その際、「幸代さんがその気になったら、うちに来ない？」と誘われていたこともあって、私は彼に入社したい気持ちを伝え、社長に話をしてくれるようお願いしました。社長はすぐに了解してくれたそうです。そのおかげで、私はこの会社で働けるようになったのです。

夫のおかげで、この会社とご縁ができました。だからこそ、私は夫に恥をかかせないように一生懸命に働こうと決意し、この会社に入りました。

結婚してちょうど1年が過ぎた2月1日が私の入社日です。とても寒い日でした。不安と希望の入り混じった気持ちで、夫と一緒に車で出勤したのを覚えています。

会社には顔見知りの方も数人いましたが、初対面の人のほうが多かったです。社員のみなさんは出勤した私に笑顔で話しかけてくれました。みなさんは私をよく知っているようで、親しみを込めた表情で、気さくに声をかけてくれました。

私はまず、100人ほどが勤めるこの会社の社員を一人ひとり覚えることから始めました。早く会社になじめるように、そして夫のような信頼される営業になれるように努力をしてきました。以前、人間関係で悩んだこともありましたが、この会社ではありませんでした。みなさん、親切でいい人ばかりでした。

この会社に入って苦労したことといえば、覚えなければいけないことが多かったことくらいです。会社の持ち味である高性能住宅については勉強することだらけでたいへんでした。外壁、サッシ、換気装置、気密など、今まで知らなかったことばかりで、とても難しいと感じました。

中途採用の私には、新入社員研修などの勉強会が用意されてはいません。転職したことがない方にはわかりづらいと思いますが、中途採用は即戦力で雇われるため、それは覚悟していました。入社してすぐ、ベテランの先輩について、見て覚えることから始めました。最初は、モデル展示場で待機することからでした。

接客業務を長年やっていましたが、業界も取り扱う商品もまったく異なります。商品の説明や住宅ローンに関するお金の話、会社の特徴などわからないことが多く、お客様の質問にうまく答えられるかどうか不安で、ずっと緊張しっぱなしでした。そばで先輩がサポートしてくれたので、なんとかお客様にご迷惑をおかけせずにすみましたが、迷惑をかけたくない一心で、「早く一人前になりたい」という気持ちがふくれあがっていきました。

私がほかの中途採用社員と違って幸運だったのは、家に帰れば、夫という先輩がいることでした。毎日わからないことがあればメモをして、自宅で夫に質問しまくりました。私の入社後、家の中での会話は仕事の話ばかりになりましたが、夫は嫌な顔ひとつせず、私の質問に丁寧に答えてくれました。

休みの日もいなくなる夫

会社は週休2日制で、休日は火曜と水曜でした。職場が同じなので、休みの日は彼と一緒にのんびり過ごせるのかと思っていたら、そうではありませんでした。彼はいつも家にいないのです。休日の朝、私の起床はゆっくりで、いつもだいたい10時頃に起きます。そのとき、すでに夫は出かけています。どこへ行くかのメモもなく、何時頃に帰ってくるのかもわかりません。私は家にいるのが好きなので、ゆっくりひとりで過ごすのに何の問題もありませんが、新婚なのに起きたら夫がいないのというのは、少しさみしい気持ちがしたものです。

夫は『ドラえもん』ののび太くんのように、一見のんびりおっとりして見えますが、実はアクティブで、家にじっとしていることがほとんどありません。火曜と水曜に何をしているのか尋ねると、お客様の土地探し、登記などの権利関係の調べものなど、ほとんど仕事に時間を費やしていることがわかりました。

実は、この会社に入るまで、彼はたいへんな苦労をしています。その境遇から救い出してくれた恩人の社長に、少しでも恩返しができる自分になりたいと懸命にがんばっていたようです。それで休日はお客様のため、会社のため、社長のために動きまわっていました。

しかし、がんばってもなかなか思うように成果が出ないこともたくさんありました。私はその姿を見ていたので、休日にいなくなる夫を責めることはできませんでした。本当によくがんばる人だなと黙って見ていました。

お客様の幸せのために できることは何でもする！

私が住宅営業を始めたばかりの頃、展示場に砂山様というお客様が来られました。砂山様はご主人も奥様も30代。まだ小さなお子様がふたりいらっしゃる４人家族でした。

初心者の私は、不安でドキドキ。お客様の質問に答えられるかわからないし、お客様が何を求めているかもわからないので、接客中はずっと緊張していました。そのとき助けてくれたのが、ちょうど一緒に待機をしていた大先輩の鈴木さんでした。彼は住宅業界の経験が長く、一級建築士の資格を持ったスペシャリスト、設計もできる営業担当でした。その助けもあって、なんとか初回接客を無事に終えられ、私は砂山様を担当させてもらえることになりました。

砂山様の家づくりは、土地探しからスタートしました。未経験で土地の情報に不慣れな私は、不動産部（土地を探す部署）の井上さんの力も借りました。

このように私は先輩たちの力を借りながら、お客様の家づくりをお手伝いしていきました。井上さんのおかげで、砂山様は予想以上に早く、満足のいく土地が見つかり、住宅建築の契約も順調に進みました。お金のことや商品の詳細など私がわからないことは、上司の真次《まつぐ》さんに頼りました。真次さんは住宅営業歴の長いベテランです。彼女が打ち合わせに同席し、砂山様も安心して話ができたようでした。

工事も順調に始まりました。着工（工事の始まり）から竣工（工事の終わり）まで何事もなく、あとは外構（家のまわりの庭やフェンス）の工事を残すだけ、というところまで来ました。

実はそこでたいへんな事件が起きてしまったのです。

駐車場や庭のデザインについて、外構工事の業者さんとお客様が打ち合わせをして、図面が決まり、工事が始まりました。そのプロセスに私たち住宅営業はほとんど関わらず、直接やりとりをしていただきます。お客様の納得のいく図面ができれば、外構屋さんは、その通りに工事をしていきます。私は担当者として、ときどき現場の様子を見に行きました。

ある日、外構工事の様子を砂山様と一緒に見に行くと、砂山様の表情がとたんに曇りました。道路と駐車場に段差ができていたからです。

「これでは困ります。打ち合わせと違いますよ。駐車場がこんなに高いと、車を入れにくいです。もっと低くしてください。ブロック2個分は低くしてもらわないと困ります」

あわてて外構屋さんにお客様の話を伝えると、その方は図面を見せながらこう言いました。

「いえ、図面通りに私たちはやっています。お客様から依頼された通りです」

たしかに図面通りに工事は進んでいました。お客様と外構屋さんの打ち合わせ時、イメージの食い違いがあったのが、今回の原因でした。

私は外構屋さんに40センチ（ブロック2個分の高さ）低くしてもらいたいとお願いしました。しかし、その工事にはかなりの費用がかかり、「有料でないとできない」と言われました。

40センチ低くするといっても、5メートル×2メートルの面積がふたつあり、その土を削るのは、たいへんな作業になりそうでした。外構屋さんによれば、これまでもいろいろサービス工事をしているから、これ以上はできないとのことでした。

外構屋さんの話ももっともですし、かといって、お客様にとっては一生に一度の大きな買い物です。外構工事も満足いくものにしなくてはいけないと強く思いました。

「自分の家だったら――」、私はいつもそれを判断基準にしています。先輩たちからもそう教えられました。それができてはじめて、この会社に入った目的、「お客様から深く信頼される営業になる」という夢を叶えられると思うのです。

「お客様の幸せのために自分ができることは何でもする」、前職でも大切にしてきた想いです。これしか頭にはありませんでした。

「よおし、私がやろう！」

後先考えず、たいへんな作業だとよくわからないまま、私は「自分がやる」と決断しました。

夫婦で共同作業！250袋の土のう袋

私の上司、真次さんは50代です。年齢よりも若々しい彼女が、笑顔でこう言いました。

「幸代さん、今日も行ってきたよ！」

「ありがとうございます。いつもすみません。本当にありがとうございます。助かります！」

これだけでは、みなさんは何のお話かわからないですよね。

これは、砂山様の駐車場の40センチの土を削る作業のことなのです。真次さんは現場近くに行くことがあれば、その都度スコップで、土のう袋に土を入れる作業をしてくれました。その数は10～15袋。1袋20キロはあると思います。女性ひとりで2〜3時間かけて土を詰め、袋を運ぶのです。普通ならありえない話ですが、笑顔でさらっと報告してくれます。こんなによい上司に恵まれて、私は本当に運がいいと思います。

私もときどき現場に行っては袋詰め作業をしていました。250枚の土のう袋を購入し、少しずつ続け、100袋以上は詰めました。それでも砂山様へのお引き渡し日には間に合いそうにありませんでした。

お客様との約束を果たすため、火・水曜の休日に一気に終わらせる必要がある、と私は判断しました。それはひとりの力では難しいと考え、夫に相談したところ、快く引き受けてくれました。

ある真夏の火曜日、私たちは早起きして、砂山様の現場に行きました。シャベルを1本ずつ、土のう袋を100枚持っていきました。その日は晴天で、雨が降らなかったことにすごく感謝しました。暑い日が続いていて、朝から蒸し暑かったことを覚えています。

夫は何時間も汗をかきながら袋詰め作業をやり続けてくれました。腰も手も痛くなるし、実にたいへんな作業でした。10歳年上の彼が、私に愚痴ひとつ言わず、目の前の土を一生懸命、袋に詰めてくれるのです。妻の私を必死で支えようとする気持ちが痛いほど伝わってきました。その背中を見ながら、私もがんばって土を入れ続けました。

午後3時も過ぎ、体中、汗でびっしょり。黙々と作業を続け、6時間以上経っていました。でも、袋に土を入れる作業はまだまだ終わりが見えない状態でした。

このまま作業を続けていてもラチがあかないと判断した彼は、何か解決策を考えていました。

ちょうど3軒隣に同じグループ会社の現場がありました。偶然ですが、そこで外構工事が始まったばかりでした。

夕方、その外構屋さんが、私たちの現場に立ち寄り、話しかけてきました。朝からシャベル1本で黙々と作業している私たちを見て、何をしているのか不思議に思ったようです。

「途方もない作業していますね。どうしたんですか」

「実は、お客様と外構屋さんとの食い違いがあり、妻が自分でやると決めたんですよ。それで僕も手伝っているんです」

「そうですか。朝から見ていたんですが、この猛暑にそんな作業していたら、熱中症で倒れちゃいますよ。何かお手伝いしましょうか」

「土を40センチ削らなきゃいけなくて、シャベルでやっているのですが……」

「えー、そんなこと、手作業でやっているんですか。ありえないですよ。ものすごく時間もかかりますよ。ちょうど、うちもこれから土入れ作業をするんですが、よかったらその土もらいましょうか。ちょっと今、うちの社長に聞いてみます」

そう言うやいなや、すぐに携帯電話を取り出し、社長に電話をしてくれました。

「社長から、いつもお世話になっている健康住宅さんだから、助けるように言われました。明日にでもトラックとショベルカーの手配をするので、そのままでいいですよ。やっときます！」

その外構屋さんが私たちを助けてくれました。私たちの体調を気づかって差し

入れもしてくれました。夫は、私のために、この猛暑の中、汗びっしょりになって手を貸してくれました。結婚前から「優しい人だな」と思っていましたが、ここまで優しい人だとは正直、驚きました。私は「健志さんの妻で本当に幸せだな」と思いました。

1カ月半前から、この現場に来ては袋詰め作業を繰り返していました。一生懸命、少しずつ、気合と根性でがんばっていましたが、外構屋さんと夫は、なんと一瞬で片付けてくれたのです。「神様っているんだな」、本当にそう思いました。

「一生懸命やっていたら、きっといいことがある」と思って、これまで生きてきました。父と母からもそう教えられてきましたし、私はあまり深く考えずに「なんとかなるさ」とまず行動するタイプなのです。

「即実行するのがいい」ことだと思って生きてきました。「じっくり考えて行動したほうがいい」と言う人もいますが、「行動してから考える」、そんな人がいてもいいと私は思います。

このときも夫の力を借り、ふたりで汗をかいてがんばっていたら、それを見ている人が助けてくれました。そのおかげで、砂山様の外構工事は無事に終わりました。

一番忘れられないのは、このとき外構屋さんからいただいたアイスクリーム。猛暑なのに帽子も水筒も用意せず、汗だくの私たちに「これどうぞ」と笑顔でくださったアイスクリームは最高の味でした。現場の方のたいへんさを知り、その方の思いやりに感動し、お客様の要望に応えることができたこの経験は、私にとって貴重なものとなりました。

神様は見てくれている　報われない努力はない

砂山様は予定通りに引っ越しをして、ご入居されました。私たちの会社の方針として、お引き渡し後にもお客様が安心して暮らせているのか、ご訪問して確認させていただきます。砂山様が入居され、少ししてから、私はお家を訪ねました。

「こんにちは、山崎です。新しいお家はいかがですか。お困り事などないでしょうか」

私がお伺いすると、砂山様の奥様が笑顔で迎えてくれました。

「山崎さん、こんにちは。この前、ご近所に挨拶まわりをしたんですよ。そうしたらね、外構工事の袋詰めを、山崎さんたちがやってくれていたって聞きました。まさか営業の方がやるとは思っていなくて。てっきり業者さんにお願いしているとばかり思っていました。ご近所の方に聞いて、本当にびっくりしましたよ。暑い中、頻繁に来て、袋詰め作業してくれていたんですね。本当にありがとうございます。たいへんだったでしょう。山崎さんが営業担当で本当によかったねって主人とも話していたんですよ。ここまでしてくださる方はなかなかいませんから、本当に感動しました。私たちのために、ありがとうございます」

「いえいえ、私だけではないんです。みんなが手伝ってくれました。夫も一緒にやってくれたんです」

「まあ、旦那様も？　山崎さんのご主人も同じ会社にいるって言ってましたもんね。今度、ご主人にも会わせてください」

砂山様の奥様とこんな会話をしました。このあと夫とご挨拶に行きました。それから私たち夫婦は、砂山様ご一家と仲良くなることができました。

入社目的だった「お客様から深く信頼される営業になる」の夢に少し近づけたのではないかと思いました。

後日談として、毎週金曜に開かれる全社員参加の全体会議には、社長が1時間話す「社長塾」という勉強会があるのですが、そこで社長が砂山様の外構工事に触れました。予想外だったので驚きました。先輩から聞いたようですが、社長は次のように話しました。

「砂山様の外構工事で、駐車場の土を40センチも低くする作業を幸代さんが手作業でがんばったという話を聞きました。これがどれだけすごい話か、わからない人もいるかもしれませんが、気の遠くなるような作業を黙々と続けたのです。数人の社員が手伝ってくれたそうですが、それでも彼女のお客様への熱意はすごい。

みなさんにこういうことをしなさい、という意味で言っているのではありません。この幸代さんの想いと行動を見習うべきだと思うんです。

彼女はまだ入社して1年経っていません。ベテランとか新人とか、そんなことは関係ありません。想いが大事なんです。お客様の家を自分の家だと考える、この想いです。

一生懸命やるうちに、外構屋さんが助けてくれたというのもすごい話ですよね。一生懸命やっていれば、神様が応援してくれるんです。本当にそう思います。幸代さんは自分で武勇伝をつくったんですよ。なかなかこれは誰でもできることではありません。みなさん、幸代さんのようにがんばりましょう。彼女は健康住宅のお宝社員です！」

社長は涙して時折、言葉を詰まらせながら、話をされました。私自身はそんなにすごいことをしたつもりはなく、社長の想いにびっくりしたものです。

でも、こんなふうに思ってくださる社長を大好きになりました。こんな社長だから、みんながこの会社を大好きなんだと思いました。夫も、この社長に助けられたひとりです。明るく、優しい雰囲気に包まれた、この会社が私は大好きです。何か特技があるわけではありませんが、お客様に対する気持ちは人一倍ありますす。これからも初心を忘れず、がんばっていきたいと思います。

第2章

生きる目的を見つけたら、人はいつでも変わることができる！

16年間の暗黒時代から
人生を180度好転させた営業のお話

この章の主人公

住宅営業部
山崎《やまざき》健志《けんし》さん（49歳、入社9年目）

著者から見た 山崎健志さん

住宅営業部所属の山崎健志さんは、現在49歳、入社9年目の営業担当です。39歳のとき中途採用で入社されました。入社前は私たちの会社と取引のある会社に勤めており、営業担当として重要書類などを持って、よく行き来していました。

ときどき私も書類の受け渡しをして、挨拶程度ですが、言葉を交わすことがありました。当時は声も小さく、うつむいたまま歩き、どちらかというと元気のない暗い印象の人でした。

ある日、仕事に集中しているとき、山崎さんが訪ねてきました。彼が背後に立っていることに気づかなかった私は、急に声をかけられ、思わず「わっ」とびっくりして、振り返りました。それくらい静かに入ってくるのです。

「わあ、びっくりしましたよ。来られていたんですね」

「あ、はい、すみません……。あの、これ……」

こんなやりとりが数回あったと記憶しています。

彼が入社すると決まったとき、私は正直、驚きました。

「営業で、大丈夫かしら」

しかし、入社して数カ月が過ぎるうちに、山崎さんに笑顔がどんどん増えていきました。入社する前とあとでは別人のようです。毎日笑顔で、挨拶も元気よく、ときおり冗談を言っては、まわりを明るくする人になりました。

今では、新年会などの会社の行事、600名以上のお客様を招待する大イベント、懇親会や慰労会などの食事会……営業以外のプロジェクトでも欠かせない存在となり、大活躍するようになりました。行事のリーダーでないときも積極的に取り組み、社員のみんなをどんどん巻き込んでいってくれます。山崎さんのいるところはいつも笑顔で溢れ、社内の人気者です。営業成績もよく、山崎さんのファンのお客様がたくさんいます。誠実で、真面目で、それでいてユーモアたっぷりの山崎さんは、この会社で多くの長所を伸ばすことができたと思います。

「人はいつからでも、どこからでも変わることができる」

この言葉の真意を証明してくれているような人です。

だからこそ、山崎さんに「入社して何があったのか」「どうしてこんなに生まれ変わることができたのか」を聞くことは、みなさんにも何か幸せになるヒントがあると思います。山崎さんのこれまでの葛藤や挑戦は、多くの人に勇気と元気を与えてくれるでしょう。今から山崎さんに語っていただきます。最後までお付き合いください。

住宅営業部
山崎健志さん

お恥ずかしい話ですが、これまでの人生で私が一番がんばったと思うのは高校受験のときです。第一志望校に合格するために無我夢中で勉強しました。どうしてもその学校に行きたいという強い願望がありました。地域でも偏差値の高い公立校で、競争率も高く、私にとっては難関校でした。

念願が叶い、合格することはできましたが、高校1年生の最初の試験で、なんと528人中最下位になってしまいました。学年最下位になったことのある人ってなかなかいませんよね。最下位になって、「このままではいけない」と奮起するものなのでしょうが、入学することだけが目標だった私は、合格したとたん、勉強をサボり始め、プツンと糸が切れたタコのように遊びに夢中になりました。受験勉強で我慢していたぶん、友人たちと遊びまくりました。そして、最下位を目の当たりにしたときも、驚きはしましたが、「そうだろうな」と、どこか納得していました。そのまま奮起することなく、私は怠惰な高校生活を送りました。

猛勉強の高校受験から一転、怠惰な学生生活へ

そして3年生になったとき、教室の中は受験ムードになりました。一緒に遊んでいた友人たちも、真剣に自分の将来や進学について考え、勉強し始めました。

私は普通科に通っていたので、

「このままだとまずいな。いい就職もできないし、大学に行くしかないな。とりあえず大学行って、また遊ぶか」

と、軽い気持ちで大学受験を決めました。友人たちに混ざって勉強はしましたが、高校受験のときのように、本当に行きたいと思える大学はなく、「とりあえず行けたらいいや」という曖昧な願望しかありません。当然、成績は上がることもなく、近くの私立大学に受かるのがやっとでした。それでも両親はとても喜んでくれました。3人姉弟の末っ子ですが、山崎家の長男である私に両親はとても期待していました。なぜなら、両親は若い頃からたいへん苦労していたのです。


父は、子どもの頃から頭がよく、勉強ができると近所でも評判だったそうです。山崎家の7人兄妹の長男であった父は、父親（私にとっては祖父）を早く亡くしたため、年の離れた6人の妹たちと母親（私にとっては祖母）を養っていかなくてはなりませんでした。公務員になり、家族のために一生懸命働き、やりたいことも我慢して、妹たちが社会人になり結婚するまでずっと、親代わりで面倒を見てきました。そして父も結婚し、私たち3人の子どもを授かりました。養う家族が増えたぶん、当時の苦労ははかりしれなかったと思います。

母も若いときから、とても苦労をした人でした。言葉にできないくらいたいへんな思いをして私たちを育ててくれましたが、ここでは母の苦労話は控えます。母の心の傷がまだ癒えていないからです。厳しい環境の中で育った母は、一生懸命、私たちを育ててくれました。

両親はとても思いやりがあり、たくさんの人たちに好かれていました。だから、私たち家族が苦しい状況になったときも多くの人に助けられたのだと思います。あとでお話ししますが、実は私自身も、特に父のおかげで、たくさんの方に支えられ、今があります。

優しい両親に育てられた私は、とても恵まれていると今は思います。

しかし、その頃の私は、親の苦労もかえりみず、自分のことばかり考えるような人間でした。

決して裕福ではないのに、お金のかかる私立大学に行かせてもらった私は、勉強もせず、入学してすぐ親にこう言いました。

「授業についていけないから、大学を辞めたい」

両親はとても悲しそうな表情を浮かべ、私に言いました。

「今の時代、大学くらい出とかないと、将来どうするとね（将来どうするんだ）。とりあえず、卒業だけはせんといかんよ（しないといけないよ）」

苦労してきた両親にそう言われると何も言えませんでした。大学を辞めることもできない私は、アルバイトと遊びに逃げました。

週に2～3回は居酒屋でバイト。それ以外の時間は友人の家で一緒にごはんを食べながらダラダラと過ごし、カラオケ、ボウリングほか、いろいろなことをして、学校をさぼることが多かったです。当然、大学の授業についていけず、進級に必要な単位をとることができません。大学3年生のときに留年が決まり、私はとうとう卒業をあきらめてしまいました。

その頃、バイト先の居酒屋がリフォーム工事のため、しばらく休業になり、その間は酒屋でバイトをしました。若い人は知らないと思いますが、当時はコンビニエンスストアが少なく、町の酒屋が一軒一軒のお宅にビールやお酒を運ぶのが普通でした。

ある日、店番をしていたら、父の昔からの知り合いの喜多先生が来られました。

「山崎さんの息子さんやないの。大学行かないでこんなところで働いてるの？もったいないよ。こんなところにいないで、うちで仕事して、資格でもとらんね。資格のいる職業を目指したほうがいいんじゃないの。よかったら、うちにおいでよ」

この言葉をきっかけに、喜多先生の法律事務所でお世話になることになりました。父は、私が大学を辞めるのを残念に思っていたようですが、長年お付き合いのある喜多先生なら、息子を立派にしてくれると考えたのでしょう、大学中退を許してくれました。先生のところで修行し、資格をとり、自立した男になろうと、大学を辞めました。私が23歳のときでした。

思い出したくもない16年間の暗黒時代

喜多先生の事務所には、当時9人のスタッフがいました。喜多先生、喜多先生の息子の高雄さん夫婦、そして喜多家ではない6人のスタッフ。最初は楽しかったです。いろいろと仕事を教えてもらい、私はここで立派になれるのかもと期待を抱いていました。結局、この事務所で23歳から39歳まで働きましたが、この16年間の長い年月は、私の人生にとって暗黒の時代といえる、思い出したくもない過去となりました。

入社した当初はスタッフが多くて楽しかったのですが、数年後、喜多先生は高齢により引退されました。それからは離職が止まりませんでした。スタッフがひとり辞め、ふたり辞め、なんと16年間の最後の4年間は、高雄さん夫婦と私の3

人だけになってしまったのです。

喜多先生を尊敬し、長く働いてきたスタッフは、喜多先生と同じ高齢という理由で退職していきました。次に寿退職で女性事務員が辞めました。そして、ここにいても未来がないと言って、またひとり辞めました。高雄さんに腹を立てて辞めたスタッフもいました。

こんなにたくさんのスタッフが辞めても、新しく採用される人はいませんでした。私はこの事務所で常に一番下のスタッフでした。先輩たちが辞めても後輩は入ってこず、人は減るばかり。しまいには、入社したときからずっと仲のよかった同僚が辞表を出しました。

とうとう、喜多家以外の人は私ひとりになってしまいました。そこから、さらに厳しい地獄が私を待っていました。

入社したときの給料は月額18万円。社会保険にも加入してもらえず、年金も払ってもらえません。総支給額が手取り金額でした。喜多先生がいらっしゃったときにボーナスが出て年収300万円を超えたこともありましたが、引退されてからのボーナスはあったりなかったりで、いつ支給されるかもわかりません。16年勤めても月給は同じです。

私は父の知り合いということで雇ってもらっており、父の顔を潰すわけにもいかず、我慢して働き続けました。世間知らずだった私は、何がよくて、何が悪いことかもわからず、ただ「修行だ」と自分に言い聞かせ、黙って働き続けました。

社会保険未加入なので、自分で国民健康保険に入る必要がありました。しかし、保険料を払うお金もなく、保険証のない私が病院に行けば、全額負担と高額になります。お金のない私は病気になっても我慢するしかありませんでした。風邪をひき、どうしても病院のお世話にならないといけないときは、そのときだけ加入して耐え忍びました。

当然、両親も高齢になり、医療費がかさんで生活を圧迫するようになりました。私は、両親の医療費の不足分を事務所から借りました。それでも生活費は足りず、さらに借金を重ね、数年のうちに借金はどんどんふくれ上がっていきました。

どうしても好きになれない上司

暗黒時代というのには経済的な理由もありますが、私は、雇い主の高雄さんをどうしても好きになれず、仕事が面白いと思ったことはありませんでした。仕事に魅力を感じないから、資格の勉強にも気持ちが入らず、受験しても不合格ばかりでした。

なぜ高雄さんを好きになれないのか、理由はいくつかあります。例えば、こんなことがありました。会社の新年会でお酒を飲んだ帰り道、高雄さんが繁華街で観光客に道を尋ねられました。私たちスタッフは高雄さんより少し後ろを離れて歩いていました。上機嫌の高雄さんはどこかを指差しながら、観光客に笑顔で答え、観光客はお辞儀をして立ち去りました。彼らにバイバイと手を振り、後ろを振り返った高雄さんは、ニヤニヤしながらこう言ったのです。

「今、道を尋ねられたけど、反対方向を教えてやった。間違いとも知らずにあいつら。アハハ」

それを聞いた私たちは驚き、あわてて観光客を追って走り出しました。まだ近くにいたので追いつき、

「すみません、勘違いして反対方向を教えたみたいです。本当にごめんなさい。行きたいのはどこですか。それはあっちですよ」

こうしてことなきを得たのですが、私たちが「なんでそんなことしたんですか」と聞いても、高雄さんは人をバカにしたような薄ら笑いを浮かべるだけでした。特に理由もなく、何の関係もない人に平気で意地悪をする高雄さんが私は嫌いでした。

高雄さんにはこんな話がたくさんあるのですが、みなさんに理解していただけるように、もうひとつだけ例を出します。ある土地の不動産売買があり、私たちのような法律に関わる人も立ち合って契約手続きをすることになりました。こう

いうときは大きなお金が動くので、たいてい銀行の応接室を使用します。平日のお昼に銀行でお客様と待ち合わせをし、私は高雄さんの運転する車の助手席に乗って、その場所に向かいました。

銀行の駐車場は狭く、運転の得意でない人が車を停めるのは難しいところでした。私たちの車がちょうどその駐車場に入ろうとすると、女性が何度もハンドルを切り返しながら、白線内にバックで車を停めようとしているところに出くわしました。

高雄さんは、その光景を見て「チッ」と舌打ちをし、イライラしながら、クラクションをプップーと強く鳴らしました。そして運転席側の窓を開け、顔を出し、「おい、おばさん、空いとろうが、はよ、停めんね（空いてるだろうが、早く停めろよ）」

と女性に向かって大声で叫びました。その女性はあわてて車を停めると、足早に銀行に入っていきました。次に、高雄さんが車を停め、私たちも銀行に入りました。銀行の係の人に応接室まで案内され、ドアを開けた瞬間、私は心臓が止まりそうになりました。

なんと、さきほどの女性が応接室のソファーに座っていたのです。実は、その方こそが、私たちのお客様でした。私は女性の顔をまともに見ることができません。こっそり高雄さんの表情を伺うと、いっさい動じず事務的に話をしているではありませんか。ついさっきのことを謝る気配すらありません。何事もなかったかのような態度に私はあきれはてました。

「本当、ついていけないな。俺、やっぱりこの人、大嫌いだ」

自分の選択だから、自分に責任がある人のせいにするな！

事務所の中でも高雄さんは王様でした。私は人として扱ってもらえませんでした。彼から見たら、私は使用人だったのです。雇い主が絶対的な存在でした。高雄さんの言うことを黙って聞くしかありませんでした。

家庭でも王様のような態度は変わらなかったようです。高雄さんの妻が私によく愚痴をこぼしていました。夫婦喧嘩がたえず、当然、事務所の雰囲気はよくありませんでした。子どもに対しても王様のように自分の正しさを押しつけ、いつもガミガミ怒ってばかりだったそうです。

仕事に嫌気がさし、この頃の私はいつも母に愚痴を言っていました。事務所の出来事を母に話してストレスを発散していたのです。母は「困った人だねー」とあきれて笑いながら、私の話をよく聞いてくれました。

ある日、私がいつものように母に話をしていると、父が帰宅しました。母に向かって愚痴をこぼす私の様子を見ると、父の表情はみるみるこわばっていきました。そして怖い顔で、真面目にこう言いました。

「おまえ、そんなこと言っているけど、そこに勤めているのはおまえじゃないか。そんな人から給料もらっているのはおまえだろ。バカにしても、その人におまえはごはんを食べさせてもらっているんだぞ。今の人生を選択したのはおまえだろ！」

今でも、このときの父の顔と言葉は忘れられません。胸に突き刺さる言葉でした。父が私に言いたかったこと。それは

「自分の選択だから、自分に責任がある。人のせいにするな」

ということだと思います。私は愚痴をこぼす自分を心底、恥じました。

「高雄さんのことを悪く言う前に、自分を変えなきゃなあ」

高雄さんの子どもは中学生になると登校拒否になりました。子どもの担任の先生から呼び出され、この頃から高雄さんは悩み始めたようでした。かなり落ち込み、毎日夫婦喧嘩もたえず、とうとう彼はうつ病になってしまいました。

朝出勤してきても、応接用ソファーにすぐ寝て、昼ごはんを食べたあともまたソファーに寝そべり、仕事を完全にしなくなりました。当然、仕事の依頼は減り続け、お客様に対するこれまでの失礼な態度も影響し、「今後は取引しません」という電話が何件もありました。

事務所の運営は厳しくなり、私の生活もきつくなるばかりで、本当にどうしたらいいのかわかりませんでした。父からの厳しい言葉もあり、私はやっと自分の将来を真剣に考え始めたのですが、ちょうどその矢先、父ががんを患って天国に旅立ちました。父は心底、私の将来を心配してくれていたと思います。優しかった父の厳しい言葉がなければ、私は自分の将来を真剣に考えなかったかもしれません。父が生きている間に、もっと早く取り組むべきだったと今でも悔やんでなりません。

「なんとかなるさあ」と、無目的で楽天的な生き方を私は選んできたのです。

楽な道を選ぶんじゃない！

1本の電話がありました。取引先だった健康住宅の畑中社長からでした。

「山崎くん、ちょっと聞いたんだけど、今、たいへんらしいね。今度、時間あるときうちに来て、ゆっくり話でも聞かせてくれない？」

私を気づかう優しい声でした。元取引先の社長が自分なんかに電話をくれるなんて本当にびっくりしました。当時の私は、父が亡くなり、苦しい経済状況が続き、藁にもすがる気持ちでした。社長に話を聞いてもらい、なんとかして今の状況から抜け出したいと思いました。そして、その優しい言葉に甘え、会社を訪問することにしたのです。

父が病気で亡くなったこと、無目的に流され、他人のせいにして生きてきたことなど、今までの自分の生き方や現在の状況を畑中社長に話しました。

私が話し終えると、社長は健康住宅で働かないかと誘ってくれたのでした。

「うちに来いよ。おまえひとりくらいなら俺がなんとかしてやるけん（なんとかするから）、心配せんで来い（心配しないで来なさい）」

私は天にも昇る気分になりました。まさかこんな私を誘ってくれるなんて。しかし、自信のない私は、

「俺なんかがここに入社していいのか」

こんなふうに考えてしまうのでした。

取引先の営業担当として、この会社に4年通いました。その間に、健康住宅株式会社はどんどん大きく成長し、地元でも有名な優良企業になっていました。

評判だけでなく、会社の雰囲気がすばらしく、お客様との関係がとてもよいこと、協力会社さんも信頼できること、働く方たちの人柄がよいこと、外から見てもキラキラ輝いていて、とてもうらやましい職場環境でした。

元気のない私にも、いつも笑顔で挨拶したり、優しい言葉をかけてくれる人ばかりで、帰りには、心がぽかぽかになるような、そんな会社でした。

「こんな会社で働けたら幸せだろうなあ」

といつも思っていました。しかし、いざそのチャンスが来ると、

「まさか、この会社で俺が働けるなんて。本当に甘えてもいいのだろうか。社長は本気で言ってくれているのだろうか。本当に俺は入社していいのか。でも断ったら、もうこんなチャンス、二度と来ないかもしれない」

こんなことを頭の中でぐるぐると考えていました。

「この会社に入りたいです！」とすぐにでも言いたい、夢にまで見たことが現実になろうとしていたのですから。ただ、「入りたい」と言えない理由がありました。私には大きな問題がありました。そう、借金です。退職となれば、高雄さんにしている多額の借金の一括返済を迫られます。だから簡単に辞めることができません。畑中社長に嘘をつきたくありませんでした。一番肝心なことを私は言ってなかったのです。

しばらく沈黙の時間が流れました。

ものすごい勇気を出して、正直に借金のことを話しました。

すべて打ち明けました。

はじめは驚いた表情を浮かべていた社長は、最後まで黙って話を聞いてくれました。

「社長に迷惑はかけたくありません」

本当は入社したい気持ちがあるのに、私は入社しないと伝えました。借金生活に追われては、いい仕事なんて絶対できないと考えました。こんなすばらしい会社に絶対に迷惑をかけたくないとも思いました。

社長は、私の心の中をすべて見抜いていました。

「山崎、楽な道に行くな。このままだと、おまえも、おまえのお母さんも路頭に迷うことになるだけだぞ。おまえの選択を受け入れるのは、俺にとって簡単だけど、おまえを見捨てるわけにはいかん。黙って、俺についてこい。逃げるな！」

「逃げるな」という言葉が心に沁みました。

私は、また逃げてしまうところでした。生活が苦しくて、どうにもならないのに、入社のチャンスを断り、これまでの生活を選ぼうとしていました。勇気を出せず、楽な道を選択しようとする私を見捨てず、社長は何時間も説得してくれました。

「山崎、楽な道を選ぶんじゃない。借金のことは心配するな！　俺に任せろ」

社長の熱い想いに涙がこぼれました。これまで一度も、赤の他人の人からここまで心配してもらったことはありません。私は社長の大きな愛に心を動かされました。

「こんな私でよければ、どうぞよろしくお願いいたします」

人生の目的が3つ決まった瞬間

このあと、社長は高雄さんと電話で話したようです。私の借金をすべて社長が返済するという条件で、私が辞めることを許してくれたそうです。

社長は地獄のような生活から、私を救い出してくれました。

毎月の給料からコツコツと少しずつですが、社長に返済することになりました。

以前の職場では、母とふたり暮らしのぎりぎりの生活で、返済する余裕もありませんでした。この会社に入社して給料も増え、ボーナスも毎年2回支給され、やっと人間になれた気分です。経済面だけでなく、ちゃんと人として扱ってもらい、感謝しかありません。人並みの給料をいただいて、私が元気を取り戻していったので、母も心から喜んでくれました。

実は、あとから社長に聞いたのですが、社長の叔父にあたる征夫さんが、私を助けるよう言ってくれたそうです。征夫さんは父の昔からの知り合いです。父の葬式にも来てくれました。そして私の勤務先の経営が厳しくなっていることも知っていました。

征夫さんは社長にこう言ってくれました。

「山崎さんの息子やけん、なんとかしてやらんと（山崎さんの息子だから、なんとかしてあげないと）。たいへんらしいから、おまえなんとかしてやってくれ」

私が地獄から抜け出せたのも、父のおかげでした。

父の生前の善の行いがあったからこそ、すばらしい方々が私たち家族に力を貸し助けてくれたのだと思います。すべては父のつくったご縁のおかげです。父はもうそばにいませんが、いつも天国から私を見守ってくれているような気がします。そして、何よりも、征夫さん、畑中社長、本当に、本当に、ありがとうございます！

私の人生の目的が決まりました。ひとつめは天国の父への親孝行。私が立派な人間になれば、父は喜んでくれると思います。そしてふたつめは、助けてくれた征夫さんと畑中社長に恩返しすること。3つめはすべてのことに感謝し、役に立てる人間になること。母を大事にし、幸せになること。この3つが私の人生の目的になりました。

この取材で最初に、「読者のみなさんに一番伝えたいことって何ですか」と聞かれました。私は、自分の人生を嘆き悲しむだけで、被害者意識の強い人間でした。今思えば、人のせいにしてばかりの人生だったと思います。

でも、このとき、「今からでも間に合うかもしれない」と思ったのです。読者のみなさんには「気づくのが遅い」と言われそうですが、やっと生きる目的を見つけることができました。

「人生の目的があれば、人はいつからでも、どこからでも変わることができる」

私はそう思います。39歳、もうすぐ40代になろうとするときでした。きっと30代の最後に、神様が、いえ、天国に行った父が私に変わるチャンスをくれたのだと思います。

自分の強みはなんだ？　それを活かせばいい

入社して一番驚いたのは、取引会社として出入りしていた頃と入社したあとで、健康住宅のイメージが変わらなかったことです。普通、外からはよく見えるけど、中に入るとそうでもなかった、ということはよくあると思います。会社は、実際に入社してみるまでわからないって言いますよね。

この会社は、イメージ通りのままでした。社員のみなさんは明るく、元気よく、挨拶も気持ちのいい人ばかり。そして社員同士の絆がとても深く、仲がいいのです。

専務からよく「入社前の山崎さんは暗かったよねえ」なんてからかわれるくらいです。私はこの会社の雰囲気のおかげで、明るい人間に生まれ変わることができました。会社の社風が、私にとっては良薬でした。

入社後は社長に恩返しがしたくて、「この会社でトップの営業になってやる！」と心に決め、毎日必死に住宅の勉強をしました。しかし、人生はそう簡単ではありません。住宅の営業ははじめてで、何の知識もないのです。前職では法人担当だったこともあり、住宅購入を検討している個人のお客様への接客はまったくのド素人でした。お客様の担当になっても、なかなか契約に結びつかず、数字はゼロ。貢献したい、恩返ししたいと願っても、営業成績は上がらず、空回りの状態が続きました。

「何をやっても俺はだめなのかな」

自信をなくし、ぽつんとひとり、営業成績を貼り出した掲示板を見ていたときです。専務に話しかけられました。

「山崎さん、どうしたの。元気なさそうね。困ったことでもあるの？」

「あっ、はい、営業に自信が持てなくて……どうしたらいいのかわからなくて」

専務は、笑顔で私に質問しました。

「山崎さんはよい営業になると思うよ。ちなみに、これまでの経験で役立つことってありますか。山崎さんの強みは何でしょうか」

ついつい「何もないです」と答えそうになりましたが、私の可能性を信じてくれる社長や専務に対して、そんな返事はできませんでした。

「強みですか……そうですね。前職でいろいろ法的手続きをしていましたので、法律には少しは詳しいかと……」

「そう、それよ! 山崎さんの強みって。住宅の営業はなんでも知っておかないと、お客様のご要望に応えられないのよ。その強みをどんどん活かしてみて。自信を持ってできると思うよ」

その言葉に元気をもらいました。うちの会社はこんな人たちばかりです。みんな親切で、「おまえはだめだ」なんて誰も言いません。信じてくれるのです。

私はそれから自信を持ってお客様の前に立てるようになった気がします。すると、驚いたことに営業成績が次第に上がっていきました。

まだまだ未熟だったので、先輩たちの助けは必要でしたが、少しずつ成果が出て、さらに自信を持てる自分になりました。

先輩の役に立ちたいと思って、様々な会社のイベントや共同作業などにも積極的にチャレンジしました。お客様も大切ですが、一緒に働く仲間も大切でした。困っている人を見ると、私は黙っていられなくなりました。リーダーでも責任者でもないのに、みんなのサポートにまわりました。そして、大きなイベントを任されるようにまでなりました。毎日が充実して、楽しくて、喜びがたくさんありました。

私の人生を変えた運命の出会い

入社して1年が過ぎ、40歳になりました。独身の私に、母は「そろそろお嫁さんをもらわないと」と言うようになりました。職場でも、母とふたり暮らしだと知っている人たちから

「山崎さん、いい年なんだから、そろそろお嫁さん、見つけないとね」

と、言われることが多くなりました。

前職では出会いはほとんどなく、私の結婚を心配してくれる人などいませんでした。家族を養うほどの給料もなく、母とふたりでぎりぎりの生活。正直言うと、私は経済的にもうひとり家族を増やすことは難しい、と結婚を半ばあきらめていました。

しかし、この会社に入って、人並みの給料をもらい、社会保険、厚生年金にも加入し、借金も月々返せるようになりました。そして母を安心させたい気持ちが芽生え、将来の伴侶がほしいなと考えるようになっていました。

一番心配してくれたのは幼なじみの剛です。すでに幸せな家庭を築いていた彼は、私に結婚するといいよ、とすすめるのです。転職して1年、ようやく生活が

落ち着いてきた頃、彼が電話してきました。

「そろそろ彼女でも見つけないとな。紹介してあげようか」

「ええ、いいの？　ぜひ、お願い！」

「うちの会社によく営業で来る人に頼んであげるよ」

「うん、ありがと！　よろしく。連絡待ってるよ」

私はその申し出に即答しました。そして彼は、高田さんという女性に、誰か紹介してくれるよう頼んでくれました。彼女の電話番号を彼から聞き、会う日時と場所を打ち合わせました。

日が落ちるのも早くなった12月の初旬、福岡の繁華街、中洲の海鮮居酒屋で私たちは会う約束をしました。とても寒い夜でした。

初対面にもかかわらず、私は待ち合わせの時間に20分も遅れてしまいました。紹介者の剛も、急な仕事で来られなくなり、私が店に着くと、彼の後輩マサルくんとふたりの女性が先に座っていました。

「遅れてすみません」

バス停から走ってきた私は息を切らしながら、挨拶代わりの謝罪をしました。

テーブルのふたりの女性。どちらが高田さんなのかわからず、私は席に着きました。

「山崎さん、はじめまして、高田です。そして、こちらが松島さんです。よろしくお願いします。お会いできてうれしいです」

高田さんはショートカットのよく似合う人でした。笑顔で挨拶し、連れてきた女性を紹介してくれました。松島さんはロングヘア。ふたりは同じ職場で同い年、とても仲がよいのは話からも伝わってきました。驚いたことに彼女たちは私より10歳も年下でした。

「こんなに若い人が来てくれるなんて」

私の目には、ふたりとも輝いて見えました。ただ、とても言いにくいのですが、そして松島さんには非常に申し訳ないのですが、実は、私は高田さんをひと目見た瞬間、恋に落ちていました。

「なんてすてきな人だろう。正直、高田さんのほうがタイプだなあ」

はじめて会ったマサルくんも彼女たちも、初対面とは思えないくらい話しやすく、食事会は大盛り上がりでした。あっというまに時間が過ぎ、お開きになったのですが、あまりにも楽しかったので、翌週また食事会をすることになりました。偶然4人とも、誕生月が12月と同じだったのです。全員、もうすぐ誕生日。次は誕生会をしようということになり別れました。

帰る方向が高田さんと同じだった私は、駅まで一緒に歩きました。ふたりきりになり、ドキドキしました。高田さんは途中、「コンビニに寄ってもいい?」と言い、そこで100円のホットコーヒーを買いました。コーヒーを片手に飲みながら歩く高田さんは本当にすてきで、胸が高鳴りました。私は来週の誕生会で会えるのをこのときから心待ちにしていました。

踏み出せ！　勇気の第一歩

1週間後、約束の日。4人はまた約束の時間に集合しました。12月の中旬、福岡の街はクリスマスのイルミネーションでとても美しく飾られていました。このときの私の大きな目的は高田さんに会うこと。心躍る気持ちで、バースデーケーキを買い、店に足早に向かいました。高田さんに会えるのがうれしくてたまりませんでした。

今回の食事会も前回同様、大盛り上がり。私はいい気分で店を出ました。しかし、次に会う約束はできませんでした。

「次はどうやって会えるかな」と、後ろ髪を引かれる思いで店をあとにしました。店から駅まで4人で一緒に歩き、次の約束をしたくて機会を伺いましたが、臆病な私は言い出すことができませんでした。

翌日の昼頃、高田さんから携帯に電話がありました。うれしくてたまらず、すぐに通話ボタンを押しました。

「もしもし、山崎です。どうしました？」

うれしい気持ちでいっぱいだった私の心は、次の瞬間、しょぼんと暗くなりました。

「あの、高田です。私、山崎さんに松島さんを紹介しましたよね。なんで、彼女の電話番号を聞かないのですか。失礼だと思いませんか」

厳しいひと言でした。でも、これはチャンスだ、と思った私はすかさず言いました。

「実は、松島さんよりも高田さんのほうがいいと思ってるんですよねえ」

勇気を出して告白したのに、高田さんの態度は冷たいまま変わりません。

「いやいや、そういうのはいいんです。紹介した人に失礼じゃないですか。電話番号を聞くくらい、礼儀だと思いませんか」

私の気持ちはまったく伝わらず、逆に怒らせてしまったようでした。でも、自分の気持ちに嘘はつきたくなかったので、私は、松島さんの電話番号を聞くことはしないと告げました。そして、もう一度、会いたい一心で、

「高田さんとふたりで会いたい」

と言ったのですが、高田さんの返事はこうでした。

「年末から年明けも忙しいし、またいつかそのうちね」

思いっきり、ふられました。撃沈！

仕事しているときも、高田さんのことが頭から離れませんでした。いつもならあきらめてしまうのに、彼女のことだけはあきらめようと思っても、会いたい気持ちが募り、なかなか忘れられませんでした。

そんなとき、ひとまわり年下ですが、会社の先輩の出口さんと飲みに行く機会がありました。会社の近くの居酒屋でビールを片手に、私はこれまでのいきさつを話しました。電話で思いっきりふられ、これからどうしたらいいのかと出口さ

んに悩みを打ち明けました。

「会いたいけど、一歩踏み出せない。なんでかなあ～」

私がそうぼやくと、彼がズバッと言いました。

「一歩踏み出せない理由は、自分が一番わかっているでしょ。きっぱりふられることにビビっているから。本当は自分が傷つきたくないだけでしょう」

この言葉に、私は衝撃を受けました。かなりこわばった顔になったと思います。

帰り際、出口さんは

「ひとまわりも下の自分が失礼なことを言ってすみませんでした。でも、山崎さんだから、もっとよくなってほしくて言いました。すみません」

本当にいいやつだと思います。年下の先輩、出口さんが私は大好きです！

翌日さっそく勇気をふりしぼって、高田さんの携帯に電話をしました。電話に出なかったので、折り返しがあるかなと待っていましたが、折り返しの電話もかかってきませんでした。

12月下旬、20代の女性社員ふたりと40代の男性社員3人で、営業チームの忘年会をしました。そこでも若い女性の心をみんなにいろいろ教えてもらいました。

そして、5人で飲んでいる最中に、高田さんから電話がありました。携帯電話の表示で「高田さん」の文字を見て、思わず「来た！」と喜びで声が出てしまいました。チームの仲間が拍手して「電話に出てください」と笑顔で促します。通話ボタンを押し、私は店の外に飛び出しました。

「山崎さん、今日、誕生日でしょ。お誕生日おめでとうございます！」

「ありがとうございます。わざわざ、そのために電話くれたの？」

「うん、山崎さんの誕生日だと思って」

「あの、年明けでもいいから、ふたりでごはんしたいんだけど、会えない？」

勇気を出して、断られるのを覚悟で、またデートに誘いました。前回と違い、高田さんの声が明るかったからです。

「じゃあ、1月中旬ならいいよ」

高田さんは笑って、そう言ってくれました。

「やったあ！」と、心の中でガッツポーズをしました。

覚悟を決めたクロージング

1月中旬、私たちは1カ月ぶりの再会をしました。中洲の焼鳥屋さんのコの字型のカウンターにふたり横並びで座りました。ようやくデートにこぎつけた私は、今日こそ告白しようと意気込んでいました。閉店近くになっても気づかないほどふたりの会話は弾み、笑いっぱなしの楽しい時間を過ごしました。周囲を見まわすと、ふたり以外、誰もいない状態でした。

ここで問題なのが、大笑いで盛り上がりすぎて、告白するようなムードにならなかったことです。この日も結局、告白できず、私は彼女と別れました。告白してふられたら、この楽しい時間はもう二度と手に入らないのではないかという不安も正直ありました。

翌日、出口さんと川畑さんが、デートの結果を聞いてきました。

「山崎さん、どうでしたか。告白できましたか」

「いやあ、飲んで終わりました」

川畑さんは、8歳下の先輩で、仕事のできる営業ですが、私が告白できなかったと聞くやいなや、

「ダメですね、山崎さん。営業も一緒ですよ。3回目のアポイントでクロージングできなかったら、次は絶対にないですよ。クロージングしないなんて、それは男としてダメですね」

クロージングとは、ビジネスでは、お客様と契約をするという意味で使われますが、川畑さんの言うクロージングは、彼女のハートを射止めることを意味していました。

彼の勢いに押された私は、

「そうですねえ。でも……」

煮えきらない態度に、彼は厳しい表情で言いました。

「次で、想いを伝えられなかったら、もうおしまいですよ。勇気を出しましょうよ。ちなみに僕、めちゃおいしくて、雰囲気のいい店を知ってます。そこで告白するんです。山崎さんなら絶対うまくいきますから。自信を持って！」

彼の言葉にまた元気をもらい、すぐに彼女に電話をしました。

「会社の人にいい店、教えてもらったんだ。ごはん行こうよ！」

「うん、いいわよ」

彼女はすぐにイエスと言ってくれました。


2回目のデートは川畑さんの教えてくれた店にしました。焼酎のCMにも出た、とても雰囲気のいい和風のお店でした。

人気店だったので、カウンターの入り口近くしかとれず、扉が開くたびに、1月の冷気が私たちの背中をなでていきました。高級店で最高の料理を食べ、私たちは気分よく店を出ました。まだ話し足りない気分だったので、カラオケに行こうと誘いました。

ふたりでカラオケボックスに入り、数曲歌いましたが、歌よりも彼女との会話のほうが面白く、結局ふたりで話し込みました。

お酒の力を借りて、「ここで男にならねば」と、史上もっとも勇気のいる一歩を踏み出すことにしました。

「好いとっちゃんね（好きなんだよね）。付き合ってほしい」

精一杯の気持ちをこめて告白しました。私自身、こんな気持ちになったのははじめてでした。

しかし、すぐに返事は返ってきませんでした。彼女は、真剣に結婚を考えてくれる人と付き合う、と決めていたそうです。

「付き合う人と、結婚を真剣に考えるタイプ？」

と聞き返されました。私も同じ考えだったので、「もちろん！」と即答すると、彼女は急に泣き出し、「イエス」と言ってくれました。

みんなの力を借りて感動のプロポーズ

付き合いを始めて数カ月、季節が夏から秋へと涼しくなってきた頃、私は彼女にプロポーズをしました。奥手な私はプロポーズの仕方がわからず、社員のみんなから詳細なアドバイスをたくさんもらい、背中を押してもらいました。

どんなプロポーズ計画だったかというと、花束、キャンドル、指輪を買って、彼女のいないうちにきれいに飾り、ロマンティックに彼女を驚かせようというものでした。感動的なプロポーズで、ふたりの最高の思い出にしようと思いました。

仕事帰りに彼女の家に行き、部屋で過ごしながら、セッティングの方法を考えました。

「どうしたら彼女がいない時間をつくれるか」

そればかりを一生懸命考えました。

「そうだ、お風呂に入ってもらって、その間に準備しよう」

不自然だと思いながらも、

「今日は疲れたでしょ。お風呂にでも入ってゆっくりしたら」

「えっ、まだいいよ、入らなくても」

「いいから、いいから。ゆっくりお風呂に入っておいで」

かなり強引に促し、彼女がお風呂に入っている隙に、家から少し離れたパーキング（近所にはパーキングがありませんでした）まで急いで走りました。車のトランクに隠しておいた花束や指輪を取り出し、また全力疾走で部屋に戻りました。

玄関を開け、花束を持ったまま部屋に飛び込むと、そこに彼女がいました。まだお風呂に入っていると思っていたはずの彼女がなんと、すでにくつろいで座っていたのです。

息を切らしながら戻ってきた私は思わず、玄関口で立ち尽くしてしまいました。

「えっ、もうお風呂から上がってしまったの。残念、間に合わなかった」

玄関口で花束を持って立ち尽くす私を見て、彼女は言いました。

「何しているの」

「あちゃー、見られちゃったね。サプライズでプロポーズしようと思っていたのに」

残念ながら、計画通りの感動的なサプライズにはなりませんでしたが、彼女はこの言葉を聞くと、泣きながらこう言ったのです。

「ここまでしてくれるとは思ってなかった。山崎さん、本当にありがとう！」

彼女は私の気持ちを知り、感動して泣いてしまいました。結局、想定とは違いましたが、ふたりにとって、最高の思い出となるプロポーズができました。この日のことは忘れられない宝物になりました。


翌年の1月、ちょうど付き合い始めた日の1年後に入籍し、3月に家族だけの結婚式を挙げました。この会社に入って、私は人並みの生活を手に入れ、人生の伴侶も見つけることができました。年老いた母もとても喜んでくれ、妻のことを

「さっちゃん」と呼んでかわいがっています。彼女は、私の母との同居も承諾してくれました。3人と年老いたワンコが一匹の生活。幸せな毎日でした。

社員のみんなのおかげで勇気の一歩を踏み出すことができたと思っています。みなさん、本当にありがとうございます。

そして、もうひとつ驚くことがあります。結婚して1年後には、妻もこの会社で営業として働くようになりました。家でも職場でもずっと一緒なのです。共に人生を歩める喜びを今、噛みしめています。

これまでの逆境はこれからの未来のためにある

私は長い年月、ずっと人生の目的など考えたことはありませんでした。親がいるのを当たり前とし、自分のやりたいことを優先させて生きてきました。しかし、その結末は地獄のような日々。人生をあきらめそうになるつらい経験をしました。畑中社長に救われ、社員のみなさんに支えられ、「恩返しがしたい」「人の役に立てる人になりたい」という目的ができたとき、とてつもないエネルギーが湧いてきたように感じました。会社では、社長が自ら講義をする「社長塾」や社員主催の勉強会など、自分の可能性を考える学びの機会がたくさんあります。ネガティブだった私は、この会社で少しずつ元気を取り戻し、自分の価値や可能性に気づけるようになりました。

一番大事なのは、

「自分の人生の目的を持つこと」

私が伝えたいのは、この一点です。何も難しいことではありません。しかし、なかなか簡単に見つかるものではありません。私がどうやって見つけられたのかというと、これまでの人生を振り返って、すべてのことに感謝し、様々なことを肯定的に考えるように変えていったからです。

人生の目的が定まったら、やる気と元気が湧いて、よい運気も巡ってきました。

すばらしいご縁にもたくさん恵まれました。人生のパートナーも得ることができました。自分の人生をあきらめず、「これまでの逆境はこれからの未来のためにある」と思えるようになったのも、この会社に入って学んだからです。

私はまだ40代、いろいろなことが今後もあると思います。でも今は、どんなことでも乗り越えられる気がします。自分の生きる目的を見つけることができたからです。

いつからでも、どこからでも、人生は好転させられます。みなさんにはどんな人生の目的があり、これからどんな生き方をしたいですか。人生で起こることはすべて自分の選択です。私のように後悔ばかりの人生を歩んでほしくありません。だからこそ、勇気を出してお話をしました。

健康住宅の社長や専務、そして多くの社員も、社内外で開催される研修に積極的に参加し、勉強しています。勉強熱心な社員が多いのも健康住宅の特長です。私も妻と社外研修を受けに行って勉強しています。

もっと幸せな家庭をふたりで築くため、これまでの人生を取り戻し、年老いた母に親孝行ができる自分になるため、日々これからもがんばっていきます。

「あったかい」夢のマイホーム、そして待望の息子の誕生

数年前、社長に借金を完済し、夢のマイホームを持つことができました。

それまで住んでいたのは、築数十年の借家でした。16歳の老犬マロンは、夏は家の中の涼しいところを探し求め、冬は暖かいところや毛布などにうずくまり寝ていました。年老いた母とマロンが心配で、妻も私も家に様子を見に帰るほど住環境はよくありませんでした。

しかし、健康住宅の高性能住宅を新築し、雪がしんしんと降り積もる2月のとても寒い日、私たちは引っ越しをしました。ニュースで「記録的な寒さ」と報じられるような日でした。

「こんなにあったかい家ははじめて！」

母は大喜びでした。家の中の温度差がほとんどなく、リビングもトイレも浴室も暖かいので、母の体調はみるみるよくなっていきました。マロンも一日5回、散歩に行けるくらい元気になりました。実は前の家で、マロンは2度も死にかけ、もうだめかと泣きながら救急病院に連れていくほど弱っていたのです。

残念ながら、引っ越して1年後、マロンは認知症になり16歳で亡くなりました。80歳の母はマロンの看病による心配やストレスで体調を崩して入院してしまいました。マロンが死んだのは母の入院中です。子どものようにかわいがっていたマロンの死を伝えることはなかなかできませんでした。またストレスで寝込んでしまうのではないかと心配だったからです。

コロナ禍のため、家族と面会はできませんでしたが、母は病院からよく電話をしてきました。「病院は寒い、家が暖かくていい。早く家に帰りたい」と言い、そのためにリハビリを一生懸命がんばっていました。

そしてお正月に電話で母はこう言いました。

「今年の目標はね、春には家に帰るという目標を設定したの。絶対に帰るから」

正直、びっくりしました。家族に会えなくて落ち込んでいるかと思っていたら、まさか、80歳の母が「目標を設定した」と言うのです。そんなこと言う人じゃなかったのに。本当に驚きました。

そして、母にいつマロンの話をしようと頭を悩ませていたとき、今度は妻が信じられないことを言いだしました。

「あのね、赤ちゃんができた！」

結婚して7年目。やっと私たちのところに来てくれた命。

まるでマロンが人間の子どもに生まれ変わって、またやってきてくれたように感じました。

母はお正月の決意通り、春に無事退院し、マロンのことを知ると、私たちと同じように、「マロンが生まれ変わって、わが家に来てくれたんだね」と受けとめ、ショックで寝込んだりはしませんでした。そして数カ月後、赤ちゃんが誕生しました。私たちにまたひとり、家族が増えたのです。

現在、息子は4カ月になりました。母は、寝るときに孫を連れ、寝室でふたりでゆっくり過ごす、「お孫ちゃんタイム」を満喫しています。母にやっと孫と会わせてあげることができました。そして妻も39歳の高齢出産です。本当によくがんばってくれたと思います。

妻が産休中なので、私はさらに家族の幸せのためにがんばらないといけません。お客様と大事なご契約を結ぶ日、携帯の待ち受け画面になっている「息子の写真をしっかり見るようにね」と妻からよく言われます。妻の言う通り、息子の写真を見るだけで、私はがんばる理由が明確になり、モチベーション高く、仕事ができるのです。

最近は、よいご縁がたくさん増え、トップセールスと肩を並べられるところまで来ました。そして2023年、伊都《いと》住宅公園店長に昇格することもできました。まだ未熟なところはたくさんありますが、私はこの会社で人生をよくすることができました。

畑中社長や専務、社員のみなさん、これまで出会ったすべてのお客様や協力会社様、縁あるすべてのみなさまに心から感謝いたします。

一度しかない人生をみなさんはどう生きますか。

私の父が言った、「人生の選択は自分がしている。責任は自分にある」ということ。

これからも私は愛する家族のために、一生かけてがんばって生きていきます。

私にも人生を変えることができたのですから、みなさんにも絶対できます。

「人はいつからでもどこからでもよくなれる」

人生に終わりはない。あきらめないで、人生の目的を見つけてください。

第3章

営業にもっとも大切なのは願望に寄り添う姿勢

家を建てたお客様が営業を志した理由
100%の自信が持てる生き方とは?

この章の主人公

新築営業部
谷口《たにぐち》夏《なつ》樹《き》さん（31歳、入社1年目）

著者から見た 谷口夏樹さん

中途採用1年目、31歳の谷口夏樹さんは、健康住宅株式会社で家を数年前に新築し、その後、入社したいと志願して、新築営業職に就きました。

弊社で家を建てたのをきっかけに入社した人は現在9人目です。志望理由が共通しており、「社員さんたちが楽しそうに働いている」「仲がよさそう」「雰囲気が明るい」などがよく挙げられます。

最近、人間関係に悩んで転職してくる人がとても多いと感じます。私は総務・経理・人事のバックオフィス部門の責任者をしており、年に何十回も採用面接をします。お客様と触れ合う機会はめったにないのですが、谷口さんのように入社したい方がいれば、面接します。住宅営業の社員から「いい人がいるから、ぜひ会ってほしい」と言われ、彼とはじめて会いました。

病院の総合事務だった谷口さんは、住宅会社の勤務経験はまったくなく、大学卒業後、事務職に8年間就いていました。営業経験ゼロで、最初は大丈夫かなと心配しましたが、入社すると、すぐに社員のみんなと仲良くなり、休日も一緒に遊びに行くほど、いい関係を築いています。誠実で、人柄もよく、努力家。そのキャラのおかげか、入社わずか2カ月で初契約を結ぶことができました。

入社してちょうど1年が経つ頃には、先輩の力を借りながらではあるものの、すでに6件の契約をもらえる営業に成長しています。

私たちの業界では、中途採用のベテランでさえ、契約に至るまで転職して3～4カ月はかかると言われています。転職後すぐに初契約という人はなかなかいません。それくらい簡単な仕事ではないのです。

住宅営業は覚えないといけない情報量が膨大で、勉強熱心でないと務まりません。お客様の要望や本音を傾聴するスキルも必要です。何よりも信頼され、人からかわいがられるような人でないと長くやっていけない仕事です（人柄がよくないと、ご紹介いただけないからです）。

何千万円というお買い物。

みなさんは住宅以外に買うことがありますか。ほとんどの方はないと思います。

「一生に一度の高価な買い物」と言われているのが住宅です。

私たちの業界は、まずはお客様から信頼されなければ、選んでいただけないのです。お客様はどの会社で家を建てようか、どの担当者に安心して家づくりを任せられるか、真剣に考えて会社選びをされます。後悔しない買い物をしたいからこそ、お客様は普段よりも念入りに細かいところまでチェックされます。だからこそ、私たちはたくさん勉強し、人柄を磨き、そして愛される人になることが、とても重要です。

営業職は、一人前になるまで少なくとも3～5年かかるとも言われますが、この業界に未経験で飛び込んだ谷口さんは、ものすごいチャレンジャーだと思います。その自分の選択を正解にしようと日々がんばる姿を見て、彼がどのように成果を出せるようになったのか、すごく興味が湧きました。みなさんも気になりませんか。これから転職しようと考えている方、もうすぐ社会人になろうとする方、人生がうまくいっていないと感じている方は、ぜひこの谷口さんの生き方をこれからの人生にお役立てください。

新築営業部
谷口夏樹さん

みなさん、こんにちは、谷口夏樹です。

健康住宅株式会社に入社してからちょうど1年になりました。現在、31歳です。数年前にこの会社で家を建てました。結婚し、家賃がもったいないから家を建てたほうが得だと思い、妻と話し合って思いきって購入しました。おかげでこの会社に出会い、入社することができ、どんどん幸せになっています。家ができて娘も誕生し、さらに順風満帆な人生を歩むことができています。

父親になったのは2022年のことです。娘は本当にかわいくて、子どもがこんなにかわいいなんて知りませんでした。妻とふたりの生活も楽しかったのですが、3人家族の生活はもっと楽しく充実しています。親になって特に感じるのは、今の幸せはこれまで私の人生に関わってくれた人たちのおかげだなということです。本当に感謝しかありません。

私は平凡な人生しか送っていないと思っていたので、この取材で、みなさんのお役に立てる話ができるかどうか正直、不安もありました。でもインタビューに答えるうちに、私の人生もなかなか悪くないと思え、自分の大切な価値観にも気づくことができました。この感謝の気持ちを込めて、みなさんに私のことをお話ししようと思います。どうぞ最後までお付き合いください。

「建てるなら、絶対、健康住宅がいいよ」

私がこの会社に入社するきっかけをつくってくれたのは、大学時代の親友です。「彼女ともうすぐ結婚するから家を建てたいな」という彼の言葉から、すべてがスタートしました。

親友の中西くん夫婦は大学の友人です。ふたりの結婚のキューピッドになったのが、実は私です。大好きなふたりがもうすぐ結婚すると聞いたとき、ものすごくうれしかったのを覚えています。

ふたりの結婚が決まり、私たち3人で遊ぶ約束をしていた、ある日のことです。彼女がその前に美容院に行きたいというので、中西くんと私は美容室で彼女を降ろし、「さて、この待ち時間にふたりで何しようか」と車を走らせながら考えていました。

そのとき、中西くんが「家を建てたいな」とつぶやいたのです。私はそれを聞いて、自分が建てた住宅の話をしました。

「建てるなら、絶対、健康住宅がいいよ」

自分の家にとても満足していた私は、健康住宅の家づくりについて熱く語りました。そして、そこから一番近いM総合展示場に行くことにしました。

予約もせず、いきなり訪れましたが、展示場を案内してくれたスタッフの人たちはとても感じがよく、親切でした。ただ、アポ（予約）なしだったので、一番会ってほしかった私の担当の大穂《おおほ》さんはいませんでした。でも、ほかのスタッフが丁寧にいろいろ説明してくれたおかげで、親友の手前、施主（家を建てたお客様）としての私の面子も立ちました。

展示場をあとにしてすぐ、大穂さんから来店のお礼の電話がありました。

「谷口さん、ご来店ありがとうございました。私が不在で申し訳ありませんでした。もしよかったら、今度本社にもお越しになりませんか。直接、私からもお話しさせていただけたらと思いますので」

彼女は笑顔がすてきな営業で、電話の声からも表情が目に浮かびました。久しぶりでしたが、元気のよい明るい声に、こちらの気持ちも明るくなりました。

これがきっかけで、中西くんと私は本社オフィスに行くことになったのです。

中西くんはちょうどその頃、転職を考えていました。

なぜかというと、彼は電車や線路の点検など、お客様の命を守る仕事をしていて、「もし自分がミスをしてしまったら、とんでもない大惨事が起きる」という不安が常にあったからです。

建築系の大学を卒業した彼は、健康住宅を見学した帰り道、「この会社で現場監督として雇ってくれないかなあ」とつぶやいていました。それくらい、この会社が気に入った様子でした。

結局、彼は就職したい気持ちを先方に伝えなかったようですが、その彼のつぶやきをきっかけに、私は自分の仕事について真剣に考えるようになりました。

仕事のやりがいをはじめて考える

みなさんは、自分の仕事を選ぶとき、どんな基準で選ばれましたか。

お恥ずかしい話ですが、私は大学を卒業するとき、就職したくないな、働きたくないなと思っていました。まわりが就職活動を始めても、自分はなかなか動きだせず、大学院に行って就職を先送りしたいとも考えました。

当時、その気持ちを教授に伝えると、「そんな動機で大学院に行くと、もっとたいへんになるよ。大学院は研究が多いし、院卒になると、さらに企業の選択肢が少なくなる。自分のしたいことが見つからないうえに、そんな状況になるのを、僕はおすすめしないね」と言われました。

教授の話に「もっともだ」と思った私は、やっと重い腰を上げて、大学4年の卒業まであと2カ月しかないという時期に就職活動を始めたのです。

2月にS病院の総合事務職の仕事が決まり、4月からそこで働くことになりました。病院の事務がしたかったわけではなく、食べていくために選んだ仕事だったので、仕事に対して面白いとか楽しいとか思ったことはありませんでした。

しかし、自分が選んだ仕事なので、きちんと責任を持ってやると決め、毎日がんばりました。

職場で妻と出会い、結婚しました。結婚を機に家を建てることとなり、健康住宅と出会いました。モデルルームや本社を何度も訪れ、営業、設計、インテリアコーディネーターの方たちと打ち合わせを繰り返しました。みなさん、私たちに合った間取りやデザインを真剣に考え、形にしてくれました。

どの担当の方も、いつも笑顔で楽しそうでした。会社の雰囲気も明るく、行くのがとても楽しみでした。「みなさん、楽しそうに働いているな」というのが当時の印象でした。特に営業担当の大穂さんは、いつも笑顔で、「会社大好き、社長大好き、社員のみんなが大好き」と言うのです。本音だからこそ、大好きオーラが溢れていました。

なぜ、そんなに楽しそうに働くのか、とても不思議でしたが、そのときの私にとって重要なのは家づくりのほうでした。大事な家づくりが失敗しないように、満足いくものになるようにと、家の間取りやデザイン決めに夢中だったこともあり、健康住宅の社員満足度が高い理由をつきつめて考えることはしませんでした。

ところが、中西くんのおかげで、またそのときのことを思い出したのです。

私が病院の事務を始めて6～7年経った頃だったと思います。仕事に慣れてきて給与も上がり、当時の職場に何の不満もありませんでした。でも何か足りないなと感じていました。

病院ではトイレの掃除や詰まりの解消、切れた蛍光灯の交換、浴室のタイル張りなど、事務以外のこともやっていました。勤務時間前の早朝の草むしり、駐車場の掃除、ごみ拾いなどの雑用も毎日していました。人の役に立つことを自らすすんでしていても、なぜか虚無感があり、何か足りない、このままでいいのかと思うことが増えていきました。

中西くんと健康住宅の本社に行く機会が訪れたのはそんなときでした。

期待と不安が入り混じる……だけど、ここで働きたい！

社会人になって8年目、30歳になって、人生の転機が訪れました。

中西くんの「ここで働いてみたい」とつぶやいた言葉がきっかけで、自分が本当にしたいことって何だろうと私も真剣に考えるようになりました。健康住宅の本社で大穂さんと再会し、自分が今後どうしたいのか、この会社に入ったら見つかるような気がしました。

今考えると、「働くことは面白く、楽しく、すばらしいことだ」という価値観を持っていなかったのだと思います。大穂さんのように楽しそうに働く人を目の当たりにして、私はこの会社で仕事をしてみたいと強く思うようになりました。

その反面、住宅業界はブラック企業の多いイメージがありました。病院で働くよりきついかもしれないという不安も正直ありました。私が抱いていたマイナスのイメージは次の通りです。

●クレーム産業と言われるほど、クレームの多い業界である
●ないものを形にする注文住宅は、人間が手間をかけるぶん、ミスがつきものである
●お客様にとっては一生に一度の買い物のため、妥協も買い替えもできない。当然ミスは許されない
●金額も大きく、仕事の責任も重い

●給与体系は歩合制が多く、成果報酬主義の会社が多い
（基本給は安く、出来高報酬なので、契約数によっては生活困窮になる）
●報酬が大きいぶん、朝から晩までサービス残業が多い

それなのに、大穂さんが楽しそうなのは、先輩や社長に洗脳されているのでは、と疑っていたときもありました（社長、健康住宅のみなさん、そんなふうに思っていてごめんなさい）。

しかし、中西くんと訪問した本社の打ち合わせルームは居心地がよく、そこで何人もの社員さんの笑顔を見て、「この会社に入りたい」の想いが強くなっていきました。

家づくりに興味があったので、「できればインテリアコーディネーターや設計で雇ってくれませんか」と大穂さんに相談すると、彼女は畑中社長に直談判をしてくれました。彼女の話によると、社長は「営業ならいいよ」と言ってくれたそうです。

後日、私に住宅営業が務まるか、大穂さんと話す時間がありました。

「営業なんて、できるかな」

「うちの営業は楽しいですよ。大丈夫、できますよ」

「でも、ノルマとかあるんでしょう」

「ノルマというより、個人の目標数字があります。谷口さんならできますよ。この仕事に向いていると私は思います」

こんな会話をしたと記憶しています。

トップセールスを誇る優秀な人から「向いていますよ」と言われたことがうれしくて、彼女がそう言うのなら「できるかもな」と思えました。その言葉に背中を押され、この会社にお世話になることを決めました。

大穂さんの応援もあってか、社長と専務の面接を経て、すぐに内定をもらえました。8年間お世話になった病院にも迷惑をかけないよう引き継ぎをし、最後の挨拶をして、新しい道に一歩踏み出しました。それが2022年3月1日。その日が私の入社日となりました。

小学校の一輪車で味わった一体感

ここで少し私の生い立ち、育った環境について、お話ししたいと思います。

私の出身は「漢委奴国王《かんのわのなのこくおう》」の金印で知られる志賀島《しかのしま》という島です。福岡県福岡市東区の「海の中道海浜公園」という西日本でも大きく有名な公園が近くにあります。海に囲まれ、わずかな平地にゴルフ場や旅館があるような、ほとんど森林で埋め尽くされた小さな島です。今は陸と島が一本道でつながっていますが、100年前は完全に海に囲まれた島でした。

その島の最北端に勝馬《かつま》という村があります。私はそこで生まれ育ちました。いつから私たち一族がこの村に住むようになったのか、はるか昔のことでわかりませんが、祖父も、その前の祖父もそこで生まれ育ったそうです。村は市街化調整区域のため、住宅を簡単に建てることができません。つまり外からの移住が難しいので、村中が知り合いや遠い親戚みたいなものでした。

小学校も1年生から6年生まで全校生徒16人。同級生も2～3人しかいません。高速道路の橋ができて便利になり、今でこそ福岡市街への移動時間は短くなりましたが、隣家まで200メートル歩かないといけないくらいの田舎に私たちは住んでいました。

小学校から私の自宅までの距離は全校生徒の中でも一番長く、重たいランドセルを背負い、通学していました。学校では上靴を履く習慣がなく、靴を下駄箱に入れると裸足で学校生活を送ります。体育は学校裏の海でシーカヤック。6歳から12歳まで、ひとりで海に出て小舟を漕いでいました（もちろん、先生の見守りはありました）。最高学年になると、少し離れた小さな島をたったひとりで一周する試験もありました。まさに自然を活かした体育の授業で、泳げない生徒は学校にひとりもいませんでした。

海に出られない季節は生徒全員で一輪車の練習をします。大車輪という競技があって、全員で手をつなぎ、運動場いっぱいに広がり十字をつくります。その十字の形を崩さず、時計まわりにきれいにまわる練習をすると、学校全体がひとつになったような、一体感が生まれました。実は小学校3年生の頃、福岡市の一輪車競技に出場し、優勝した経験があります。学校のおかげで、私は一輪車が大得意になりました。

剣道と塾に明け暮れる中学生

私は「自分が将来何になりたいか」など考えることはほとんどなく、母親から「勉強したほうがいいよ」と言われ、なんとなく勉強だけは少しがんばる少年でした。優等生でも劣等生でもない、真ん中くらいの成績だったと思います。小学校を卒業すると、隣の島の公立中学校に行くのが当たり前の村だったので、中学

受験を考えたこともありません。

私の通った中学校は、島をつなぐ一本道を渡りきったところにありました。近くの3つの小学校の生徒がみんなそこに通います。私の小学校は中学校から一番遠く、島の最北端にあったので、学校では「パスポートを見せろ」とよくからかわれたものです。

大人になって車を運転するようになり、世界が広がると、どこもたいして変わらない田舎じゃないかと思いましたが、当時は友達のちょっとした悪意のある言葉に傷つき、嫌な気持ちになって落ち込みました。この村から早く飛び出したいなと思っていたのをよく覚えています。

中学校までは歩けば1時間以上かかる道のりでした。そのため、行きは父親の出勤に合わせて学校まで送ってもらい、帰りはバスで帰る、そんな毎日でした。

遠方の学校に通うだけでもたいへんなのに、志賀島の子どもは小さいときから剣道をします。するのが当たり前の村でした。私も記憶にないほど幼い頃から中学3年生まで、ひたすら剣道をがんばりました。塾にも通っていたので、勉強と部活に明け暮れる日々でした。そのせいか、「高校生活はもっと楽をしたい。とにかくたくさん遊びたい」と思うようになりました。

「乗り換えなしで通える、駅から徒歩数分の便利な学校に行きたい。偏差値が高い、評判がいい、進学率が高い、部活が強い、そんなことはまったく興味がない。ただ通学しやすければ、それでいい」、そう思って高校を選びました。

このインタビューを機に生い立ちを振り返って気づいたのは、通学のものすごくたいへんな田舎で、それでも剣道や勉強を一生懸命がんばっていた子ども時代から一転、高校生になると「面倒なことが嫌、楽をしたい」と安易なほうへ流されたなということです。こんな考え方をするようになり、人生の様々な大事な局面で、深く考えずに安易に決める癖がついていたことに気がつきました。

みなさんはいかがですか。自分にとって、人生の分岐点ともいえる場面で、しっかり考えもせずに安易な選択をしてはいませんか。

高校時代の私の選択基準は、まさに「楽かどうか」でした。

目的もなく、常に楽なほうを選んでしまう、そんな学生だったと思います。

両親に心配をかけず、人様に迷惑をかけたこともありませんが、就職活動も仕事もしたくない、もっと遊びたいとこんなことばかりを考えていました。病院で働くことにしたのも、とりあえず内定をすぐにくれたところでいいや、と安易に決めてしまったからです。

本当に自分が求めるものを探すこともなく、楽な道を選んできました。だから、充実感や生きがいを感じることもなく、どこか虚無感があったのだと思います。

ブラスバンドにのめりこむ 高校・大学時代

高校の通学が楽になったといっても、片道1時間はかかっていたので、朝は早いままでした。1年生の数学の授業で、先生の話をほとんど聞いておらず、ぼーっとしていたら突然、質問され、何を答えていいのかわからず、適当なことを言ってしまったことがあります。ラグビー部の顧問もしている数学の先生は、すごく怖くて迫力がありました。

「谷口、罰としてラグビー部かブラスバンド部に入れ！」

とっさに「ラグビーはわかるけど、なんでブラスバンド？」と思いましたが、理由はあとでわかりました。教室の前に「ブラスバンド部員募集中」の貼り紙があり、それを先生は見ていたのです。

私は中肉中背、ラグビー向きの体ではなかったのと、宮崎駿監督の『もののけ姫』の映画音楽が大好きで、弾いてみたくて小学校3年から6年までピアノを習っていたことから、ブラスバンド部に入ることを決めました。

ここでも、怖い先生に言われたから決める、なんとなくの選択しかしていませんが、結果的にこのおかげで人生が大きく変わったと今は感じています。先生に言われた通り、素直に決断してよかったと数学の先生には感謝しかありません。

入部してから卒業までの3年間、私はブラスバンドを一生懸命にやりとげました。面白くなって、大学でも入部し、3年生のときには部長も務めました。この頃から自分に少しずつ自信が持てるようになりました。

なぜ自信を持てるようになったのか。ブラスバンド経験者はおわかりだと思いますが、朝から晩まで座りっぱなしで、音を合わせるために同じフレーズを何度も吹いたりと、部活はけっこうハードなのです。

スケジュールを決めるのは部長の仕事なので、部をよりよくしようと、いつもきついスケジュールを組み、お気楽に入部した学生から大ブーイングを受けたこともあります。部員たちが言うことを聞いてくれず、休むようになったり、文句を言うなど、人間関係に悩む時期も正直ありました。

ちょうどその頃、九州の大学生が集まって演奏するイベントが開かれ、別の大学から来ていた中西くん夫婦に出会いました。友達の輪が広がったのも部活のおかげです。もともと私は明るいキャラではなく、コミュニケーション能力もあまりなかったので、友達が多いほうではありませんでしたが、ブラスバンドを通じて、いい人との出会いがたくさんありました。特に中西くんとの出会いは私にとって大きいです。ブラスバンドだけでなく、心の通じ合う友人が増え、大学生活が充実したものとなりました。

小学生の頃の一輪車やブラスバンドの経験から、私はチームで何かをやることが好きなんだと気づきました。だから健康住宅で働く人たちや大穂さんの表情を見て、心が惹かれていったんだなと思います。

安易な気持ちで就職活動をしましたが、その職場で出会ったのが妻です。妻との出会いがなければ、今の家族の幸せはありません。前職の方々にも感謝しています。私を雇ってくださり、本当にありがとうございます。

住んでいるからわかる商品には100％の自信があります

2022年3月1日、私は健康住宅株式会社の営業部に入社しました。

入社理由は「健康住宅のみなさんが楽しそうに働いているから」というのは当然ありますが、もうひとつ大事な理由があります。

それは、私の住む家がとても快適で、大満足しているからです。

営業経験はまったくありませんが、人を騙して物を売りつけるようなことは絶対にしたくないと思っていました。営業とは口がうまく、自分はいいと思っていなくても、それを相手に悟られないように表情を偽って、お客様に購入してもらう仕事というイメージがあり、自分はそんなことをしたくありませんでした。

ただ、私の家に住んで5年経ちますが、夏はヒンヤリ、冬はぽかぽか、以前の家や実家と比べても断然いいのです。社名に「健康」がつく理由も納得です。

健康住宅の家は、性能評価で日本一を2回受賞、13年連続ハウス・オブ・ザ・イヤーを受賞しました。九州ではもっとも信用できる企業であり、信頼できる商品だと思っています。このように、100%の自信が持てるものを販売するなら、私にもできそうだと考えたのです。

商品である家の詳細については、畑中直社長がすでに書籍を出版していますので、ここでは省きますが、窓ガラス、窓サッシ、断熱性能、換気装置、アフターメンテナンスなど、すべてをお客様目線で考えぬき、商品力も常に最高レベルにアップデートしています。

実際に住んでいる顧客が、自ら入社したいと志願する会社なんて、なかなかないと思いませんか。今も私は100％の自信と誇りを持って、営業活動をしています。

また、私が営業スキルを身につけることができたのは、先輩のみなさんとの関係と勉強会のおかげです。スキルアップできる環境が、この会社にはあります。実際、社内外の勉強会や研修に積極的に参加し、自分磨きを続けている先輩ばかりです。入社まもない私も、ラッキーなことに社外の研修講座を受けさせてもらい、異業種の方たちと同じ机で勉強し、多くの学びがありました。自分の判断軸や大切な価値観を知る機会にもなりました。

ポジティブな行動力が人と人をつなぐ

みなさんは、NHKの「サラメシ」という番組を見たことがありますか。「サラリーマンの昼飯（サラメシ）」をウォッチする番組ですが、健康住宅は「サラメシ」に出たことがあります。

毎週金曜、バーベキューを通じてチームワークのトレーニングをしていたところ（コロナの前に7年間やっていた）、NHKスタッフの目に留まり、取材されたと聞いています。残念ながらコロナでこのトレーニングは中断しましたが（2024年4月に復活予定）、当時の映像を見せてもらいました。企業努力がすごいな、と驚きました。

世界的に見ても、コロナ、ウッドショック、ウクライナの戦争など、住宅業界にかぎらず、どこの業界もたいへんな状況だと思います。この会社の人たちは、バーベキューなどのトレーニングのおかげか、困難な状況にあってもネガティブにならず、一人ひとりが自分の人生を真剣に考え、会社や社会にとって必要なことや役に立つことを考え行動しています。私はそんな人たちに囲まれて仕事をしているのです。まさに小学校のときの一輪車の大車輪です。全員で一丸になるからこそ、この荒波を乗り越えられるのだと思います。

私も入社してからポジティブ思考になり、積極的に行動できるようになりました。「できない」と思うことも「できる」と自分に言い聞かせ、専門知識を吸収し、接客の練習を先輩に見てもらい、どんどん住宅営業が楽しくなりました。

結婚して、家を建て、子どもが誕生し、自分の人生だけでなく、家族のこともこれからは守っていく立場になりました。夫として、父親としてもっとがんばらなくてはと思います。

それは、私が出会ったお客様も同じなのです。家族を幸せにしたくてマイホームを購入されます。健康住宅で家を建ててくださったお客様が、私のように満足して、暖かく健康的な家に住み、ご家族で末永く笑顔で暮らしていただくことがまずは第一です。

そのためにはお客様の願望に寄り添い、「谷口さんが担当で本当によかった」と言ってもらえる営業になること。それが私の人生の目的となりました。

人生の目的も見つかり、入社して1年で契約を6件いただくことができました。まだひとりでできることはかぎられているので、さらに勉強しないといけないことばかりですが、尊敬できる上司と信頼し合える仲間がいて、毎日が充実しています。

私にとってお客様からの「ありがとう」は、「これだ!」と思える瞬間です。最近、表情が明るくなったねと言っていただくことも増えました。

営業していて、お客様が何を求めているのか、願望をしっかり傾聴し、それに寄り添う姿勢を大事にしなければならない、とあらためて気づきました。

共働きの妻と家を建てようと一大決心をしたのは数年前です。契約する直前まで悩むほどの大きな買い物でした。住宅ローンは自分の命を担保にお金を借りる仕組み。命がけの買い物なんて普通ありませんよね。偶然、私たちはよい会社、よい商品、よい担当の方たちに出会えて強運だったと思います。

家づくりの打ち合わせでも、担当の方が常に私たちの話に真剣に耳を傾け、細かいところまで妥協なく形にしてくれました。

現場監督の方も大工さんたちも、いつ行っても愛想よく迎えてくれ、現場はきれいで、塵ひとつありません。建築現場を見るだけで、どんな想いで家づくりをしてくださっているのか伝わってきました。

これしか知らない方はこれが普通だと思われるようですが、私もいろいろ勉強して、健康住宅の当たり前の基準がとても高いことに気づきました。このすばらしい会社で家を建てなかったら、お客様はきっと後悔する、そんな気持ちで仕事をしています。

どんな仕事もそうですが、みなさんの会社には必ずお客様がいます。

そして、そこで働くスタッフや協力会社の方がいます。さらに、地域のみなさんがいます。その人たちの「願望に寄り添う姿勢」、それが働くうえで一番大切だと思います。その価値観をこの会社で働くことによって手に入れることができました。これからも自分を磨き、人の役に立つ人間になり、自分と家族、そして仲間と幸せになっていきます。

第4章

求められていることに
全力で！ お客様の喜ぶ
笑顔が原動力

逆境だらけの凸凹の人生にありがとう
古希を過ぎても現役バリバリのお宝社員

この章の主人公

リフォーム・メンテナンス部
加賀《かが》由輝《よしてる》さん（73歳、勤続39年目）

著者から見た 加賀由輝さん

入社24年の加賀由輝さんは現在73歳、アフターメンテナンスの部門に所属しています。お家を引き渡したあと、お客様の家に定期点検に伺い、様々な問題を解決したり、メンテナンスの提案をしたり、お客様が安心して暮らせるお手伝いをする、わが社の縁の下の力持ち的存在です。

グループ会社である「まるは」に36歳で入社しましたが、15年後、「まるは」は業績不振が続いて業務縮小となり、彼は健康住宅株式会社へ移籍しました。

まるはと健康住宅に計35年勤務し、70歳を迎えたとき、台湾へ慰安旅行に行きました。そこで社員たちは、加賀さんの古希を祝おうと極秘のサプライズイベントを企画し、涙と感動の祝賀会となりました。社員たちが率先して祝賀会を開いたのも、加賀さんの誠実な人柄ゆえだと思います。全社員から愛され、頼られる、実にすばらしい方です。

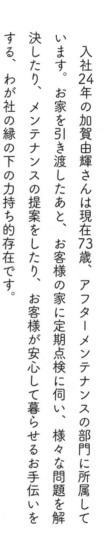

加賀さんの勤続39年間は営業職から始まりました。営業未経験だったので、ベテランにつき、見習いとして仕事を覚え、10年勤めました。その後は現場監督。これも未経験で、現場の大工さんに教えてもらいながら、独学で仕事を覚えていきました。その頃、現場監督が一度にたくさん退職し、人手不足解消のために、彼に現場監督をお願いしたという事情がありました。

当時の社長から「加賀さんならできる。きみはなんでもできるから、やってくれるか」と言われたそうです。突然の人事異動に戸惑いながらも、不平不満を言うことなく、今日まで職務を全うしてくれました。彼が現場監督になってから4年後にベテランが入社するのですが、それまでの経緯を知ったベテランは、「よくこんな状況で現場監督ができましたね」と驚いたそうです。

「必死になれば、なんでもできる」

常にこう考える加賀さんは、家族のために歯を食いしばってがんばってきました。そんな加賀さんの生き方は、若い人に多くを伝えてくれると思い、今回取材することにしました。また、30年以上働くことの重みを知る、よい機会にもなると考えました。

彼自身は「苦労を苦労と思っていない」と笑顔で言いますが、私の知る加賀さんは苦労の連続で、逆境だらけの人生なのです。しかし、この取材の間も何ひとつネガティブなことを口にしませんでした。感謝の言葉ばかりが出てくるのです。70年以上の人生経験をすべて語ることはできませんが、彼の人生のエッセンスから、みなさんの今後に何かしら助けになる発見があると信じています。

わが社のお宝社員である加賀さんが、人生で何を大切にしてきたのか、その想いをこれから語っていただきます。最後までお付き合いください。

リフォーム・メンテナンス部

加賀由輝さん

私が、生後3カ月のとき、両親は離婚しました。赤ちゃんだった私は、父親に引き取られ、祖父母と父、そして私の4人の生活がスタートしました。私が幼稚園に通うようになった頃、父が亡くなりました。まだ30歳の若さでした。そのため私には両親の記憶がほとんどありません。祖父母との3人の生活が当たり前の日々を送りました。

いつからか、祖父を「じいちゃん」、祖母を「母ちゃん」と呼んでいましたが、中学1年生まで不思議に思うことはありませんでした。しかし、あるとき突然、「あれっ」と思ったのです。

「俺は、どうして祖母を『母ちゃん』と呼んでいるんだろう。ばあちゃんと呼ぶのが普通だよな」

疑問に思いながらも、祖父母に聞くことはできませんでした。なんとなく聞いてはいけないことだと思っていました。

祖父母は私にとって育ての親です。愛情をたくさん注いでくれ、私を本当の子どものように大切にしてくれました。私は何不自由なく育ち、親がいないせいで落ち込んだことは一度もありません。

祖父母の仕事は、うどんの上に載せる天ぷらやかまぼこなどの練り物を店に届けることでした。うどん屋さんを一軒一軒まわって注文をとり、それらを製造元に発注し、翌朝お届けするという流れでした。自転車で毎日、自宅から10キロ圏内を走りまわり、私を養うために真夏も真冬も懸命に働いてくれました。

共働きの祖父母を助けようと、私も注文や配達を手伝いました。寒い日に自転車に乗ると、祖父母のたいへんさが身にしみました。私はいつしか家のことも手伝うようになりました。料理が上手なわけではないのですが、適当に切ったり、炒めたり、煮たりして、自己流で夕飯を準備しました。

仕事の第一歩
「お客様が喜ぶことをしよう」

中学3年生になり、高校進学の話が出ると、担任の先生はこう言いました。

「加賀くんは夜間学校（定時制）がいいよ。昼は仕事できるしね」

家庭の事情をよく知る先生は、私にとって最善の道を提案してくれました。当時はクラスの1～2割が定時制に進学しました。普通科の高校、そして大学へ進学できるのは裕福な家庭の子どもだけという時代でした。

私は定時制に入り、昼間は繊維関係の仕事に就きました。靴下や肌着、ハンカチなどをデパートや小売店に卸す仕事です。お店から注文をいただくために、どうしたらよいかを当時はいつも考えていました。

「お客様が喜ぶことをしよう」

それをモットーに毎日がんばりました。お客様とは、デパートや小売店の店員さんたちです。商品の陳列がたいへんだと聞けば、すぐに手伝いました。若さと元気だけが取り柄でしたから、きつい仕事をすすんでやることで自らを売り込んでいきました。

「これ、やってくれて、ありがとう」

お客様にお礼を言われたとき、私はすかさず、次のようにお願いしました。

「喜んでいただけてうれしいです。もしよかったら、何か注文していただけませんか」

すると、お客様はニコッと笑顔で注文をくれました。それを毎日繰り返しました。中学を卒業したばかりでコネも何もない私は、常にお客様の表情をしっかり観察し、何をしたら喜んでいただけるかを考え、それを積み上げることで実績をつくっていきました。

母に会いたい！人生ではじめての決断

高校生になり、テレビドラマを見ていたときのことです。ドラマに出てくる「きれいなお母さん」を見て、私の本当の母親はどんな人だろうと考えるようになりました。

「お母さんもきれいでやさしい人なんだろうな」

想像しかできませんが、そう思うだけで、うれしい気持ちになりました。そしていつしか、本物の母に会いたいと思うようになりました。

ある日、友人にその話をしました。

「僕の親父は役所勤めだから調べてもらうよ。任せとけ！」

個人情報保護法のない時代です。友人が父親に頼むと、時間はさほどかかりませんでした。友人は、母の住所と連絡先のメモを手渡してくれました。

私は福岡市博多区に住んでいました。母の住所は、その隣の福岡市南区。なんと、すぐ近くに母は住んでいたのです。住所がわかっても、すぐに会いに行く勇気はありませんでした。どんな顔をして会いに行けばいいのかわかりません。生後3カ月で別れたきりです。

おまけに、「母と会ってほしくない」という祖父母の気持ちもわかっていました。母の写真は家に1枚もなく、両親の結婚式の写真も母の部分はすべて切り取られていました。

「じいちゃんたちを裏切るようなことはしないよ」

そう心に誓っていた私は、母に会うことはしませんでした。

しかし、19歳のある日、どうしても母に会いたくてたまらなくなりました。何かきっかけがあったのか、今は思い出せません。ただ、会いたい気持ちが、「祖父母に申し訳ない」という気持ちに勝ったからだとしか言えません。私は友人から渡されたメモの住所にひとりで行きました。人生ではじめての大きな決断でした。決断は、「何かを決めたら、何かを断つ」という意味です。

私は母に会う決断をし、祖父母への申し訳なさを断つことにしました。育ての親である祖父母を裏切った気持ちで、胸が苦しくなったこともあります。でも、母に会いたい。

私はこれまでの人生で、最大の勇気を出しました。

勇気を出せば人生が変わる 再会した母との幸せな時間

母の住む家はマンションの5階か6階だったと思います。

美しい母親像を胸に抱き、メモに書かれた家の玄関まで行きました。インターフォンが玄関ドアの横にありました。セキュリティーなど厳しくない時代でした。チャイムのボタンに人差し指を置きましたが、なかなか押せませんでした。いざとなると、どんな顔をして会ったらいいのかもわからず、指に力が入りません。決断をしたものの、やはり実行するには恐れがありました。このボタンを押せば、人生が変わる。変わることへの恐怖、いろいろな気持ちが湧き起こりました。

どのくらい躊躇したのか、とうとう勇気を出して、チャイムを押しました。

「ピンポーン」

女性の声がして、すぐにその扉が開かれました。目の前にきれいな女性が立っていました。

私は一瞬だけその女性の顔を見ると、すぐに非常階段へ走り去りました。そして階段を駆け下りました。1階に着くと、とにかく走り出しました。何かから逃げるように走りました。近くに商店街があり、その通りを無我夢中で走りました。
すると、背後から女性の声が聞こえてきました。
「ヨシテルかい？　ヨシテルでしょ。待って！」
すぐに母の声だと思いました。しかし、振り返ることもできず、そのまま走り去りました。今にして思えば、ドラマのワンシーンのようでした。

それから1週間後、私は母に電話をしました。電話番号もメモには書いてありました。私の電話を母は喜んでくれました。そして会いに来るよう言ってくれたのです。

もう一度、私は母の家に行きました。そして今度はためらわずにチャイムを押しました。きれいな女性が顔を出し、笑顔で居間に案内してくれました。それが私の母でした。

居間には母の姉と妹もいました。そして若い男の子も座っていました。母は父と別れたあと再婚し、子どもを出産していたのです。まだ高校生の弟との出会い

でした。

叔母たちは私に、両親が離婚したときの話をしてくれました。離婚後も母はこっそり私を見に行っていたというのです。庭で遊ぶ私の成長をたまに見ては、さびしさを埋めていたそうです。私はそれを聞いて胸が温かくなりました。

「捨てられたと思っていたけど……愛されていたんだ」

その日から、私は母と弟に会うようになりました。もちろん祖父母には内緒です。祖母からあるとき、「お母さんに会っているの？」と聞かれたことがあります。そのときも「会ってないよ。何言っているの」と、とっさに嘘をつきました。祖父母が亡くなった今も、この嘘はついたままです。これが、一番胸が痛い。嘘をつくというのは本当につらいものです。

そんな想いがあったので、母の家には一度も泊まったことがありません。食事だけして帰るような数時間の面会です。子どもなりに祖父母に気をつかったのだと今は思います。どこか罪悪感があって、ずっと母の家にいることはできませんでした。それでも、母との時間は私にとって幸せな時間でした。

家族に不自由な生活をさせたくない喫茶店経営への道

繊維関係の仕事は16歳から29歳までの14年間、続けました。辞めるきっかけは、「起業する」という夢ができたからです。当時の日本は喫茶店ブームでした。「喫茶店を経営しませんか」という新聞広告やチラシも多く、起業を応援するコンサルタントもたくさんいました。私はあるコンサルタントから、「これからは喫茶店商売が絶対いいです。加賀さんも自分の店を持ちませんか。儲かりますよ」と持ちかけられ、会社を辞める決心をしました。

22歳で、ふたつ年上の妻と結婚しました。ふたりの子どもにも恵まれ、私は幸せな家庭を築いていました。29歳になり、子どもは5歳と2歳。まだまだ手がかかる、たいへんな時期でした。妻は育児をしながら、家計を支えるため、パートタイムの仕事に出るようになりました。

私は、一家の大黒柱としてがんばって稼ぎたい、妻に楽をさせてやりたい、家族みんなにいい暮らしをさせてあげたいと強く思い、喫茶店を経営することにしました。

「裕福ではない家庭で育ったからこそ、妻や子どもたちに不自由な生活をさせたくない」


これから会社を経営しようと考える方たちのためにも、ここでは正直にお話ししましょう。

私は29歳で会社を辞めました。14年勤めた会社を辞めることを妻には相談しませんでした。家族のための決断だから、当然理解してくれるだろうと思っていました。しかし今は、「妻に事前の相談もせず、悪いことをしたな」と思っています。

妻はそんな私に文句ひとつ言わず、ついてきてくれました。

起業するまで2年間は修行しようと、喫茶店とスナックを掛け持ちで働きました。朝7〜9時はモーニングの朝食セットを出し、12〜15時はサラリーマン向けのランチタイム、夜19時から深夜2時まで夜通しスナックでお酒やおつまみを供し、家に帰る移動時間がもったいないので、そのままお店で仮眠をとり、翌朝また7時からモーニングの仕事と、働き通しでした。

戦後生まれの私たちは第一次ベビーブームと呼ばれる世代ですが、当時は働き方改革という考え方なんてありませんし、私のように朝から晩まで働く人が日本にはとても多かったのです。

自分で言うのもなんですが、懸命に家族の幸せのために働き、それが当たり前だと思って生きてきたので、逆境と思ったことも実はないのです。たいへんだとか考える暇もなく、とにかく働きました。

2年間修行し、できあいのルーをいっさい使わない本格カレーやデミグラスソース、コーヒーの淹れ方、パーティーのもてなし方など、様々な料理やサービスを覚え、喫茶店の店員として一人前と言えるまで成長しました。喫茶店のオーナーになっても成功できる気がして、自信も湧いてきました。

「よーし、これで大丈夫だ。経営できる！」

親戚や銀行からお金を借りまくり、なんとか自分の店を持つことができました。修行時と同じく、モーニング、ランチタイム、夜はスナックをしました。妻と一緒に働き、店はフル回転だったので、「これで儲からないはずがない」と思いました。

「一生懸命働けば何とかなる。努力すれば成功できる」

しかし、現実はそう簡単ではありませんでした。私は喫茶店やスナックのやり方を覚えただけで、経営については無知だったのです。店は3年を過ぎた頃から思うようにいかなくなりました。

オープン当初はそれなりにお客様がたくさん来てくれましたが、少しずつ客足は減り、いつしか赤字経営が当たり前になりました。

「このままでは店も俺も家族もだめになる」

眠れない日々が続きました。不安と恐怖が私を襲ってきました。

人生のターニングポイント
思いがけない転職

あるとき、常連のお客様から言われました。

「儲かっているの？　夫婦ふたりで働くより、ひとりは外で働いたほうがいいんじゃない？　もしよければ、いい会社、紹介しようか」

私は赤字経営から抜け出したい一心で、その話に飛びつきました。店を妻に任せ、どうにかして立て直さなくては、と思いました。紹介されたのは、地元では大きな不動産・建設業の会社でした。分譲マンションや戸建て住宅を建設し、戸建て住宅だけでも年間１００棟にのぼる会社でした。

紹介してくれた人のおかげで、直接、社長に会うことができました。面接では、誠実に、正直に話すことを心がけ、自分の持ち味を必死にアピールしました。業界未経験で知識もなく、ただ「精一杯がんばります」としか言えませんでしたが、その必死さが通じたのか、社長は私を採用してくれました。36歳、私は営業の見習いとして働くことになりました。

私の上司は、この道ではかなりベテランの女性でした。私よりひとまわり上で、仕事にとても厳しく、バイタリティーがあり、夜の10時でも12時でも「今から行こうか」と部下を引き連れ、お客様の家に伺うような人でした。当時の住宅業界は、夜遅いのは当たり前、上司の言うことには絶対服従。それをきついと感じる社員はついていけず、離職する人もたくさんいました。

その上司の指導を受け、私はひとりで営業ができるまでになりました。しかし、営業成績は上がらず、苦しい毎日でした。入社して10年が過ぎ、46歳になっていました。「営業は向いてないのかな」と自信もなくなり、日々の生活に不安もありました。

ある日、社長から呼び出され、新築戸建ての現場監督を担当するよう言われました。成績が上がらず悩んでいた私は、「これはチャンスだ。名誉挽回してやろう。現場監督になって成果を出せる人間になってやる」と思い、建築部に所属することを承諾しました。

「はい、がんばります。なんでもやります！」

天職との出会い 独学で現場監督になる

喫茶店は妻がひとりでなんとか経営してくれていましたが、そんなに儲かる仕事ではありません。家族を養うため、子どもにちゃんとした教育を受けさせたいがために、私は毎日必死に新築住宅工事の仕事を覚えました。

営業は歩合制だったので、成績の悪かった私は、現場監督をするほうが自分に合っている気がしました。でも、建築未経験でどうしていいかわからず、社長に相談しました。

「わからなかったら、大工に聞けばいいよ。大工は何でも知っているから教えてもらうといい。段取りから何から教えてくれるよ」

社長は笑顔で言いました。

「簡単に言うなあ」と正直、感じましたが、高校時代のことを思い出しました。率先してお客様に役立つことをしていた十代の自分。

「お客様が何を求めているかを考えて行動する！」

当時、現場監督が数人同時に辞める事態が起き、教えてくれる社員はいませんでした。そんな環境でもがんばれたのは、昔の経験があったからです。十代の自分が私を支えてくれました。辞めるわけにはいきませんでした。もし、ここで辞めたら、どこへ行っても同じことになる。だからこそ、逃げずに立ち向かうと決めていました。

大工さんに仕事を教えてもらうため、毎日現場に行っては、大工さんの求めることを考え、一生懸命行動しました。すると、次第に大工さんたちが声をかけてくれるようになりました。

工事の段取り、発注や納品のタイミングなど、忙しい最中、細かいことでも大工さんたちは教えてくれました。私は必死にメモをとりました。図面にわからないところがあれば質問し、納得するまで聞きまくりました。私の必死さが通じたのか、口の重たい大工さんも心を開いてくれました。大工さんたちには感謝しかありません。忙しくても手を止め、私の質問に耳を傾けてくれたのですから。

会社の誰にも教えてもらえない状況とはいえ、それは社外の大工さんには関係のないことです。私のこの修行は4年続き、そのうちできることが少しずつ増えていきました。そしてようやく、経験も実力もある現場監督の藤井さんが入社しました。業界にも詳しい藤井さんは私の独学スタイルに驚いていました。

「加賀さん、よくひとりでここまでできるようになったね。すごいね」

そう言ってもらって、私は自分の成長を感じ、「やった！」と思いました。

リフォーム工事から新築工事までいろいろ手がけるようになり、年間20棟の現場を持ったこともあります。同業の方ならおわかりだと思いますが、これはすごい数なのです。営業では成果を出せませんでしたが、現場監督として成果を出せる実感も湧き、仕事が面白くなっていきました。

その頃からでしょうか、私はこの仕事を自分の天職だと思うようになりました。自分の建てた家に、お客様が住んでくださり、「ありがとうございます！」と直接言っていただく機会も増えました。しばらくしてアフターメンテナンスやリフォーム工事でお伺いすると、私を見るなり、「加賀さん、お久しぶりです。住み心地、いいですよ」と笑顔で言ってくださるのです。こうして、私はお客様から元気をたくさんいただきました。

長く勤めていると、当然たいへんな工事や仕事もあります。そんなときでも、私はお客様が喜ぶ笑顔を思い出し、逃げずに正面から誠実に向き合ってきました。

何よりも、私は大切な家族のためにがんばらなくてはいけません。家族を路頭に迷わせるわけにはいかないのです。歯を食いしばり、妻のため、息子のため、娘のため、そう言い続け、踏ん張ってきました。気がつけば、その生活も39年が過ぎていました。

チャンスには前髪しかない
専務のオファーを蹴って後悔

息子も娘も大きくなり、今では孫も誕生しました。この取材を受けるまで、自分の人生を振り返ることなく走ってきました。実は数年前、専務から取材依頼をいただきましたが、当時の私には自分の過去を話す勇気がなく、あっさりそれを断ってしまったのです。

しばらくして専務が2019年4月に本を出版しました。私はその本を読んで後悔しました。同じ会社で働く仲間に取材し、彼らの人生をわかりやすく綴ったものでした。自分のような普通の社員が主人公として、いろいろな体験を語っていました。

「これなら俺にもできたじゃないか。なんで断ったんだろう」

特別な成功体験ではない、懸命に生きた7人の仲間のストーリー。どれもすばらしく、読んだあとには感動しかありませんでした。

「もしもあのとき断らなければ……ここに俺もいたのか」

チャンスが来たとき、それと気づかず、逃してしまうことがあります。自分の人生に自信が持てないことが原因でした。ある人が言っていました。

「チャンスには前髪しかない」

最初は意味がわかりませんでした。しかし、あとで理解できました。チャンスというものは前から来たときに掴みとらないと、それが去ったら、もう掴むことはできない。私の人生にもそんな瞬間がたくさんあったのではないかと考えました。ある日、専務に言いました。

「もしも、また書く機会があれば、私も取材してほしいです」

「うれしいです。では、また書くときには声かけますね」

専務は笑顔でそう言ってくれました。それがこの取材につながったのです。

特別にすごい経験、苦労をしたとは思っていませんが、人に恥じない生き方だけはしてきたという自信があります。

貧しい家庭で、祖父母が懸命に育ててくれました。たくさんの愛をくれました。だからこそ今があります。その愛の証をこの世に残したい、それが恩返しだと思っています。

母に再会し、弟に会い、それから妻と出会いました。そして息子と娘が誕生し、今では高校生の孫娘がひとり。祖父母の命は、私や息子、娘、そして孫へと受け継がれています。

赤字経営だった喫茶店も40年目を迎えることができました。妻がひとりで切り盛りし、大儲けはできませんでしたが、長いお付き合いの常連さんに愛されるお店になりました。

そして、これまでずっと支えてくれた最愛の妻は昨年、天国に旅立ちました。妻亡き今、私は健康住宅という会社でこれからもがんばると決め、まだ働いています。そして、この想いを残しておきたいと思ったのです。

73歳になっても、アフターメンテナンスの担当として働くことができている私は幸せ者です。

コロナ前、慰安旅行で台湾に行きました。1年半に1回、社員旅行があり、そこで私は会社のみなさんからサプライズのお祝いをしてもらいました。

古希祝いの紫色のチャンチャンコを着て、その場にいる90人全員からお祝いの言葉をかけていただきました。こんなにすてきな会社はまずないと思います。社長は感極まって涙しながら感謝状を読み、手渡してくれました。

人生の「まさかの坂」死ぬまでにしたいこと

喫茶店がうまくいかず、藁にもすがる想いで始めたサラリーマン生活。喫茶店経営が軌道に乗るまでと思っていましたが、いつしか天職だと思うくらい、この仕事が好きになっていました。

実は、健康住宅株式会社がスタートした背景には、社長の父親の会社「まるは」の経営危機があります。１００人いた社員が次々に辞め、20人にまで減りました。そのとき、がんばって残ってくれた社員を救済したいと、畑中社長がつくったのが健康住宅株式会社です。本当に社員想いのすばらしい方です。こんな経営者はなかなかいないと思います。社長がたったひとりで立ち上げた新会社は、徐々に成果を出していきました。そして、その頃、私も健康住宅株式会社の社員にしていただきました。

ここで働くようになって24年が経ち、社員が少しずつ増え、お客様が増え、そして売上が増え、会社は大きくなっていきました。会社が大きくなるにつれ、私の子どもたちも大きくなり、家庭を築き、孫も生まれました。

孫が生まれたのは58歳のときです。この孫が今は生きがいです。祖父母が私を大切に育ててくれたのは、こんな気持ちだったんだろうなあと思ったりもします。

みなさんにとっては普通すぎて、何が楽しいのか理解できないかもしれませんが、私は今もこの環境で働けていることに心からの感謝しかありません。

最近は、アフターメンテナンスでお客様の暮らしの変化に対するご提案をしています。話をしっかり聞いてご要望を伺い、見積もりをします。お客様は内容を気に入ってくださると、私に注文してくれます。そして工事を無事終え、「加賀さん、ありがとう」と言ってもらえる瞬間が本当にうれしいのです。

「どうしたら、もっと喜んでいただけるか。お客様は何を求めているのか」

これまでの経験を活かしながら、それを追求することに、私は自分の価値を見出しています。

働きがいや生きがいを大切にしてくれるこの会社で、いろいろな研修を受け、勉強会にも毎回参加し、今もたくさん学び続けています。一見、若い人はつまらないと感じるかもしれませんが、学べる環境があるというのは幸せなことです。無意味なものは何ひとつありませんし、すべてが何かの役に立つ情報です。

人生には、坂が3つあると聞きました。「上り坂」、「下り坂」、そして「まさかの坂」。「まさかの坂」に遭遇したとき、あわてず乗り越えるために学ぶのです。私はそう考えるようにしています。

今の目標は、この会社で最後まで元気に働き、お客様や社員の顔を見て暮らすことです。健康で元気でいられるうちは、これまでの御恩返しに、社会貢献していきたいと考えています。

そして、私には夢があります。テレビで見た雪山のスイスに行ってみたいという夢。万年雪があり、岩がゴロゴロとした、あの景色が忘れられないのです。いつか自分の足で訪れたいと思っています。

夢を持つのはすばらしいことです。自分が何をしたいか、何をするために生まれてきたのか、なぜそれをしたいのか、それらを考えることは自分のモチベーションを上げてくれます。これからも夢に向かって、一歩一歩、進んでいこうと決めています。

最後に。22歳で結婚し、私をずっと支えてくれた妻にありがとうと言いたいです。私のことをずっと信じてついてきてくれた、ふたつ上の妻は、私の人生を語るうえではなくてはならない存在です。

「私と一緒になってくれて、本当にありがとう。天国でまた会いましょう」

Part 2

第5章

知られざる
経営者の妻という人生

妻として、母として、嫁として、
娘として、会社の一員として、
私の幸せを見つけるまで

この章の主人公

専務取締役
畑中弘子《はたなかひろこ》（52歳、入社17年目）

いよいよ、この第5章では著者である私、畑中弘子の話をさせていただきます。

ここまでは健康住宅で働く人たちの考え方や人生を紹介することで、社員が働きたくなるのはどんな会社なのかをお伝えできたのではないかと思います。

まだまだなところばかりの会社ではありますが、数々の賞を受賞し、社員の離職率も1年間で数%に抑えられています。また、実際に高性能住宅に暮らすお客様からの紹介を2件につき1件受注し、紹介率は年47%にものぼります。おかげさまで地域に愛され応援されるような会社になり、業界内ではよい会社の部類に入るのではないかと思います。

この本は、私たちの会社のことをもっと知ってもらい、働く意義や価値、経営について、読者のみなさんの考える機会になればと思い、刊行に至りました。

この章では、私自身がよく質問されること、また相談されることについて、お話しできたらと思います。それは「経営者の妻」という立場について、です。

社長は社内で孤独だという話はよく聞きますが、実はその妻も同じように孤独を感じているケースが多いのです。経営者も、経営者の妻も、社内にひとりしかいませんし、立場上、誰にも言えない企業の秘密などを抱えているからです。そのため本音で話せる人が周囲にいない、同じ立場でわかり合える友人がほしいという方がかなりいらっしゃいます。そんな方たちに向けて、経営者の妻ならではの悩みを共有できればと思います。

かつての私は、大好きな人（もちろん夫です）と結婚はしましたが、夫の会社に入ることはまったく頭にありませんでした。なりゆきというか、最終的には自分の意志で入社したのですが、どんなスタンスで働いたらよいのか――例えば、次の❶と❷のどちらがよいのか――、どこまでどっぷり仕事をすればいいのか、家庭と仕事の両立など、入社当初は非常に悩みました。

❶社内ではおとなしく、目立たず控えめにして、一社員として雑務に徹する
❷責任ある幹部として、しっかり社内のマネジメントをして、社長の右腕になる

同じ立場の人がまわりにおらず、相談することもできませんでした。事業を営む家に嫁いだ経験のある方なら、こうした悩みを一度は抱えたことがあるのではないでしょうか。

そもそも、なぜ、夫と同じ会社で共に働くことを考えていなかったのか。

私の父は公共工事を主とした小さな土木会社を経営していました。母は専業主婦でした。母は、ときどき経営者の妻の集まりに出かけていましたが、そこで会った方たちによい印象を持っていませんでした。自分は専業主婦だから経営に携わらないほうがいい、と思っている節がありました。「経営者の妻が会社に入らないほうが経営はうまくいく」とよく言っていました。

子どもの頃から母にそう言われ続けたことで、私の価値観も母と似たものになっていました。「妻は会社に入らないほうがよい」という価値観。しかし、今の私は全然そのように思いません。専業主婦にしろ、共働きにしろ、生き方は様々です。たまたま、私には夫の経営する会社に入社しないといけない状況があっただけです。

人生には時折、抗えない状況があります。自分ではコントロールできず、それを受け入れ、やってみるしかない状況。でも、今ではそのことに感謝しています。なぜなら入社して、社員、お客様、協力会社のみなさまと出会えたからです。そして社長（夫）をビジネスでもプライベートでも支え、心から信頼し合えるパートナーになり、幸せになることができました。

では、抗えない状況をどのように乗り越えて、今があるのか。彼と結婚後、会社はよいときばかりではありませんでした。つらく厳しい状況下、またコロナやウッドショック、戦争などの社会情勢が大きく変化するなか、私たちの会社がどのように生き残ってきたか。この章では経営者の妻の立場でお話しいたします。

専務取締役
畑中弘子

私が入社したのは、愛娘が2歳になった春でした。娘が未就園児（幼稚園に入る1年前の準備期間）で入園することが決まった年です。２００８年4月、健康住宅の恒例のお花見がありました。桜が満開で、まさにこれが私の入社式みたいなものでした。そのときの新卒社員は3人。私と14歳違う同期です。ひとりは寿退社しましたが、あとのふたりは今も働いています。ひとりは住宅営業のリーダーとして、もうひとりはインテリアコーディネーターとしてがんばってくれています。

満開の桜の下の入社式
健康住宅の社員になったいきさつ

それが健康住宅の社員との初の顔合わせで、私はものすごく緊張していました。社長と私が結婚式を挙げていなかったこともあり、それを知った社員のみなさんがサプライズで、満開の桜の木の下で手づくりの結婚式をしてくれました。牧師役も変装した社員でした。誓いのキスこそしませんでしたが、娘と夫と私の3人でしたケーキカットは忘れられないすてきな思い出になりました。そこで使ったナイフは今も大切にしています。「健康住宅の社員っていい人ばかりだな」と感動したのを今でもはっきり覚えています。

実は、私が入社することになったのは、家も会社も経済的にたいへんだったからです。

私たちの新居は築30年以上の古いマンションでした。隣が墓地で、なかなか住む人が見つからずに空いていた部屋でした。私は33歳のときに結婚し、34歳で娘を出産しました。乳飲み子を抱えては働くこともできず、肉親に頼ろうにも、私は家族と様々なトラブルがあり絶縁状態でした。そのため20代からずっとひとりで孤独な生活を送っていました。

健康住宅の経営も、結婚前から思わしくありませんでした。理由はあとで知るのですが、夫の父親の会社が抱えた莫大な借金を肩代わりしたことで資金繰りが非常に厳しくなり、倒産寸前の状態にまで陥っていました。寝室で一緒に寝ていても、隣で悪夢を見ているのか、彼が苦しそうにうなされて汗びっしょりで飛び起きる、そんな日も少なくありませんでした。また、ある真夜中、生まれたばかりの娘がぐずり、私が目覚めると、隣で寝ているはずの彼がいない……。扉から灯りが漏れていたので、気になって隣室に行くと、パソコンの前で腕を組み、彼が一点をただ見つめていました。私は声もかけられず、その苦しそうな背中をひたすら見つめることしかできませんでした。子どもがもう少し大きくなったら、私も仕事をして、少しでも家計の足しになればと思うようになりました。

しかし、夫の会社に入社する気はまったくありませんでした。先にも述べた通り、夫婦が同じ会社で働くことによい印象を持っていなかったからです。子どもが幼稚園に入園したら仕事をしようと、求人雑誌やインターネットで職探しを始めました。

ちょうど家から徒歩5分圏内のスーパーでレジ打ちのパート募集がありました。レジ打ちなら残業もないので子どものお迎えにも遅刻せずにすみます。また、24歳から経理事務を8年した経験があり、電卓を叩くのは普通の人より速い自信がありましたし、自分のキャリアを活かせるなと思ったのです。当時は、今のようにバーコードを読ませる簡単なものではなく、商品の価格を電卓みたいに手打ちする、スキルのいるものでした。

帰宅した夫に、レジ打ちパートの話をしたら、彼の顔がパッと明るくなりました。

「えっ、仕事するの？　それだったら、外に行かずうち（健康住宅）で仕事してくれない？　今、会社がたいへんで、経理の事務員を雇う余裕がないんだよ。事務を手伝ってくれたら助かる」

会社のことをほとんど話さない夫が、はじめて私に「余裕がない」と言いました。そのとき、真夜中のつらそうなあの背中を思い出しました。

「私にも何かお手伝いできるなら……」

思わず私の口からこぼれました。母の「経営者の妻は会社に入らないほうがいい」の言葉が一瞬、頭をよぎりましたが、今はそんなことを言っている場合じゃないと思ったのです。

経理部がなんでもやる？育児と家事と仕事に奔走する毎日

社員60人ほどの会社で、事務はたったふたりでした。総務部、経理部、人事部と部門が分かれておらず、「経理部」が営業部、工事部、設計部のやらないことをすべてやるため、仕事の範囲がものすごく広く、毎日がとてもせわしなく過ぎていきました。

まだ手のかかる2歳の娘を幼稚園に送ってから出勤。そして、お茶出し、コピーとり、電話と接客、図面の製本、社員の経費精算、出勤簿の管理、給与計算、パートナー企業様への支払い、日々の現金チェック、振込、入金確認、入退社の手続きなどに追われるうち、あっというまに退勤の時間です。いつも昼ごはんを食べる時間もなく、退勤したら、娘を迎えに幼稚園に車を走らせる日々でした。

前職での経理の経験が、この会社で非常に重宝がられ、うれしくて働きがいを感じましたが、退勤後はさらにバタバタで、働きがいの満足感や幸せに浸る余裕はありませんでした。

子どもと家に帰る途中、スーパーに立ち寄り、夕飯の買い物をすると、店内で子どもが「これ買って、お願い。いいでしょ。これも〜。もっと見る〜」と催促の嵐。ひとりで買い物するときの何倍もエネルギーがいります。家に帰れば、買い物袋から食材を取り出し、冷凍庫や冷蔵庫にすぐに入れる。朝干しておいた洗濯物を取り込み、たたみ、タンスにしまい、子どもの相手をしながら夕飯の準備。子どもが何かこぼせば、雑巾や掃除機の出番……と、毎日が戦場のようでした。

子どもに夕飯を食べさせ、お風呂に入れたら、ドライヤーをかけたり、アレルギー性皮膚炎の薬を塗ってあげたり。歯磨きが終わったら寝る準備。そして、ちょうど落ち着いた頃に夫が帰宅します。また夫の夕食を用意し、ビールと一緒に食卓に並べる。これをわずか4時間ほどでするのです。

みなさん、いかがですか。主婦の方たちは、このような毎日の戦場が当たり前だと思いますが、これを読んで驚かれた方は、家庭を守る方がいることに感謝すべきだと思います。自分がゆっくりできる時間なんて皆無に等しいのです。土日は子どもと公園に行ったり、習い事に連れていったり。子どもがお友達と楽しそうに遊んでいる束の間、安心して眠っている束の間のみが、私が休憩できる時間でした。

さらに、育児以外にもやることはあります。毎月1回、日曜日の朝7時半に家を出発し、義父母を迎えに行きます。実は義弟には重度の脳障害があり、17歳からずっと施設で生活をしています。その施設の月1回の面会日に、義父母を連れて往復3時間を運転し、彼に会いに行くのです。私は後妻なので（夫は一度離婚しています）、こうしたことを通じて、少しでも早く畑中家に溶け込みたいという想いもありました。

心の癒しの韓国ドラマを夫に否定されて大ショック!!

寸暇を惜しむ忙しい日々の中で、私の唯一の楽しみは韓国ドラマでした。20代はずっと仕事ばかりで、趣味など持てる余裕はありませんでした。仕事量も責任も増え、朝から晩まで働き通し、合間に資格試験の勉強や読書をして、休日はゆっくり寝て疲れをとることを繰り返していました。あっというまに時間が過ぎ、また月曜日がやってくるというサイクルでした。

ところが、臨月近くになって産休に入ると、いきなり時間ができ、暇を持て余してしまったのです。そのとき友人に教えてもらったのが『宮廷女官チャングムの誓い』という長編ドラマでした。物語の内容に私自身の境遇と重なるところがあり、めちゃめちゃハマりました。温かい人間関係や親子愛など、まさに私が欲していたものが画面の中にありました。

夫の会社に入社後も、どんなに忙しくても、韓国ドラマを見ることは続けていました。私の唯一の癒しタイムだったからです。仕事、家事、育児にベストを尽くし、やることをやって、誰にも迷惑をかけずに、私だけの趣味をひそかに楽しんでいました。しかし、あるとき夫から「こんなのばっかり見てると頭がパーになる。やめろ。消せ」と言われ、ものすごくショックを受けて何カ月も落ち込みました。

「こんなにがんばっているのに、唯一の趣味も認めてもらえない私って、この人

（夫）にとって私はいったい何なんだろう。私はまるで家政婦としてこの家にいるみたい」

夫に対してネガティブな感情が芽生えました。嫌悪感を抱き、結婚したことすら後悔しました。信頼し、愛し合って結婚したはずなのに……。自分を否定されたショックから抜け出せなくなっていました。

そんな折、夫から旅行に誘われました。ただの家族旅行ではありません。同じ業界の経営者同士の親睦を深めるための温泉旅行でした。今回は家族連れの企画らしく、私と娘も一緒に行くことになりました。

人見知りをする私には、よく知らない人ばかりの旅行はハードルが高く、気がすすみませんでしたが、仕事の付き合いだから仕方がないと割り切りました。そこで偶然、ある経営者の妻、雅子さんに出会ったことが、その後の私に大きな影響をもたらすのです。

旅先で出会った「経営者の妻」の大先輩

旅行には15人ほど参加していたと思います。温泉につかり浴衣に着替え、お座敷でみんな揃っての夕飯となりました。たまたま私の隣に座ったのが雅子さんでした。30代の私は、そのグループの中でも一番若いほうで、雅子さんは私より20歳くらい年上でした。親子ほど年が離れていましたが、私たちは意気投合してすぐに仲良くなり、雅子さんから旅行に来ることになったいきさつを聞きました。

「実は私、がんで入院していたの。生死をさまよって、温泉旅行に来られるなんて思ってもみなかったわ。ここまで回復するのに何年かかったかしら。今まで入退院の繰り返し。抗がん剤治療をしていたから。回復したら温泉旅行に行こうねと夫と約束していたのよ。それが今日叶ったわ。本当にうれしい」

「夫婦仲良くていいですね」と返すと、雅子さんはこう言いました。

「いえいえ、主人は仕事人間で、私のことなんかまったく関心のない人でしたよ。私ががんになる前までは……。私たちの会社は10人くらいの小さな会社で、夫が社長、私は経理なの。夫は仕事をとってきて、引き渡しをするまでが仕事。私は給与計算、支払い関係など、つまり金庫番ね。毎日、朝から晩まで仕事ばっかりの人生だったの。

でもね、がんのおかげでいいことがあったわ。私が仕事できなくなっても、この人は何も変わらず、仕事人間のままだろうと思っていたの。そしたら、実際にどうなったと思う？　がん宣告をされて私が入院したとき、夫は泣きっぱなしで、仕事が全然手につかなかったの。びっくりしたわ。『おまえがいないと生きていけない』って言ってくれてね。そんな言葉、結婚してはじめて聞いたわ。聞けてよかった。私はこの人の役に立っているんだなって実感したわね。

でもね、私がひとりで経理をして、私以外に経理ができる人を育てなかったから、それからがたいへんだったの。社長(夫)は落ち込んで病院にずっといて、まったく仕事をしなくなって、私は入院中で経理のことは何ひとつできない、社員たちはまったくわからない。これじゃあ、会社は倒産に向かうわね。本当にやばいといわれる会社になったわ。社員も辞めていったしね。

畑中さんはまだ若いから大丈夫だと思うけど、経営者だけでなく、自分の体も大事にしないとだめよ。自分が病気になったら、社長（夫）もおかしくなるわよ。そしたら会社を誰が守るの？

私はね、がんになってわかったことがたくさんあるの。経営者の妻はね、まず夫と自分の体を大事にすること。そして、どっぷり私みたいに仕事しないこと。自分だけがわかるという仕事の仕方はしちゃだめよ。特に経理は会社の心臓でしょ。資金繰りができなくなったら、心不全で会社は死んでしまうわよ。自分ができて、社員もできるようにしないとね」

雅子さんが語ってくれたことは、私にとってありがたいメッセージとなりました。同じ立場の大先輩から聞く貴重な言葉でした。「自分だけしかわからないことをなくす」「人を育てる」、それらの価値観を私は手にすることができました。

企業は経営者ひとりでは成り立たないと雅子さんは教えてくれました。

また、「妻は会社に入らないほうがいい」の意味を少し理解できました。経営者とその妻しか会社をまわせなかったら、ふたりが不在になったときに会社が困るからです。このときから私は、「経営者の妻としてどうあるべきか」を考えるようになりました。私は、夫と一緒に働く道を選択しました。そして、社員を育成できる人になりたいと思いました。でも、まだ経理の経験しかない私は、育成するといっても、何をどうすればいいのかわからないままでした。

夕食会の最後に、雅子さんの夫である社長が全員の前で次のようにスピーチしました。

「今回はこのような機会を設けてくださり、ありがとうございます。実は妻ががんになり、何年間も生死をさまよっていました。妻とふたりで温泉旅行しようと約束もしていて、今日はその願いが叶った日です。とてもうれしいです。これからは夫婦共々、精一杯がんばってまいりますので、みなさん、どうぞよろしくお願いいたします」

お座敷は拍手大喝采で、みなさんが雅子さんご夫妻に温かい声援を送りました。雅子さんが回復して社長が元気になり、会社はまた活力を取り戻したと聞きました。

がんのような逆境があっても、雅子さんのようにポジティブでありたい、そして、雅子さんのご夫妻のように、すてきな夫婦になりたいなと思いました。この出会いのおかげで、夫へのネガティブな感情を抑えることができました。

反抗期の娘、家族の介護そして義母の死

娘が小学3、4年生になると、少しずつ口も達者になってきて、生意気なことを言うようになり、私は娘と喧嘩ばかりしていました。

「勉強しなさい。片づけなさい。早くしなさい」

こんなふうに語尾に「さい」がつく言葉ばかりを娘にきつく投げかけていました。あるとき、娘から「うるさい、クソババア！」と言われてショックを受けたことがあります。私はそのくらい口うるさい母親でした。反抗期の娘に手を焼き、親子関係も微妙でした。

しかし、義母のおかげで、娘と和やかに過ごせるひとときが月に一度ありました。義父が病に倒れ、寝たきりの生活になって5年ほど経った頃のことです。義弟の施設の面会も、義母と娘の3人で行くのが習慣になっていました。面会に行くのはいつも朝が早く、焼きたてのチーズフォンデュパンを買い、コーヒーとコーンスープと一緒に食べるのが3人の楽しみでした。このときばかりは反抗期の娘も笑顔で、好物のパンをおいしそうに頬張り、幸せそうでした。

大好きな祖母の大きな荷物を持ってあげたり、学校での出来事を楽しそうに話したり、そんな光景を眺めていると、私も心穏やかになれました。月に1回、義母との3人の時間があったからこそ、反抗期の娘との関係もなんとかうまく保たれていたのではないかと思います。

夫にとっても、義母は世界で一番好きな人です。結婚したときも「ぺぺ（義母のあだ名）を悲しませることだけはしないでね」と言われました。夫が尊敬し、とても大事にしている義母が、すい臓がんの宣告を受けたのが２０１４年８月。余命はわずか半年。義母は81歳になったばかりでした。

夫も私も、この突然の知らせに大きなショックを受けました。実の両親から絶縁されていた私を、畑中の両親は温かく受け入れ、嫁としてたいへんかわいがってくれました。実の母以上に、私にとっては母親のような存在で、かけがえのない人物でした。

畑中家は昔、経営していた映画館が全焼するという大事件がありました。そのため家族みんなで福岡県苅田町《かんだまち》から福岡市内に逃げるように引っ越してきました。義母の当時の苦労は想像がつかないほどたいへんだったはずです。病気の息子を抱え、大家族11人の生活。家計を支えるために昼は生命保険の外交員という慣れない仕事もしていたと聞きました。慣れない土地ではじめての仕事や生活、子どもの学校のことなど、苦労の連続でした。そんな義母に、私は尋ねました。

「お義母さん、私にしてほしいことって何ですか。ぜひ聞かせてください」

人に迷惑をかけたくないという想いが強い義母は、残りの人生をホスピスで過ごすと決めていました。几帳面で、曲がったことが大嫌いな人でした。余命宣告を受け、終活手帳にたくさんやりたいことを書き留めていました（手のひらサイズの終活手帳には、やりたかったことを全部やり終えたチェックマークが並んでいて、義母の眠る仏壇に今もきちんと保管しています）。

義母からの回答はこうでした。

「弘子さん、半年間、毎日私に会いに来て」

私は半年間、母の病院に毎日通いました。そこで畑中家の歴史、義弟のお世話の引き継ぎ、寝たきりの義父のお世話のことなど、様々なことを教えてもらいました。義母は責任感があり、人を大切にする、すばらしい人格者でした。私もこんな生き方をしたい、と心に誓う半年間でした。

医師の宣告通り、ちょうど半年後に義母は亡くなりました。私の誕生日の前日が義母の命日となりました。「いつまでも忘れないでね」のメッセージのような気がしました。

私の誕生日に亡くならなかったのは、最後の私への気づかいかもしれません。毎年、誕生日のたびに暗い気持ちにならないようにと。義母はそんな気づかいができる人でした。

そして、いつも私をほめてくれました。亡くなってからも、義母のお友達から私はたくさんほめていただきました。生前に義母が私をどう思っていたのか、義母の友人たちが教えてくれたのです。すばらしい人のまわりにはすばらしい人が集まるなと、そのとき思いました。私ががんばっていることを義母はしっかり見ていて、応援してくれていたことを知りました。この話をしだすと、涙が止まらなくなるのですが、私にとって義母の愛は非常にありがたいもので、今の畑中家と健康住宅を守るエネルギーにもなっています。

「ぺぺ、ありがとうね。私もぺぺみたいにがんばるよ。いつか天国で、また笑顔で会いましょう」

私自身と向き合う人生の転機

義母が亡くなってから1年半が過ぎた頃、私に人生の転機が訪れました。

ある勉強会に行くことになったのです。２０１６年4月に夫がその勉強会に参加し、「ぜひ、きみにも受けてほしい」と私を誘いました。

３日間も缶詰状態になる勉強会だと聞いたので、ただでさえ忙しい私には絶対に無理だと思いました。

仕事、家事、育児にくわえ、義母が亡くなってからは、義父と義弟の介護をひとりでしないといけなかったからです。病状が悪くなったり、何かあったりしたら、病院や施設から急に呼び出されることもしばしばありました。だから3日間も家を空けられないと断り続けていたら、とうとう夫が「社長命令だから」と言い、強制的に行くことになりました。

でも、今ではこのことにすごく感謝しています。なぜなら、勉強会を通じて、私にはできないと思い込んでいたことが、実はできるということに気づけたからです。これは大きな収穫でした。

さらに、自分自身のあり方や時間の使い方についても考えさせられました。私は自分と向き合う時間をとるようになり、忙しい私をどのように大切に扱うか、いわゆる自分の取扱説明書を完成させることができた気がします。

それまでは「畑中さんの奥さん」「○○ちゃんのお母さん」「健康住宅の奥さん」「畑中さんとこの嫁」などと呼ばれ、「畑中弘子」の名前で呼ばれることはほとんどありませんでした。結婚とはそういうものなのかとも思っていましたが、勉強してからは私自身の人生の目的をしっかり見つめることができるようになりました。

「学ぶ文化」面談が社内勉強会に発展する

勉強会に参加後、「育成」の方法が少しずつですが、見えてきました。

「どうしたら人は育つのか」

これは、多くの方にとっても大きな課題ではないでしょうか。

まず、社員の育成を考える際に私が大切にしたのは、社員も自分の子どもと同じように愛するということでした。人はみな誰かの子どもです。産み育てた親がいるから存在しています。そう思うと、ここで働いてくれる社員を愛おしいと思えるようになりました。

そして、手始めに社員面談をすることにしました。最初はお互い緊張し、照れくさかったのですが、何度も繰り返すうちに心が通じ合うようになりました。目の前にいる社員にいろいろな質問をして、一緒に考えていきました。例えば、こんな質問をよくしました。

●なりたい未来はどんな状態か
●願望は何か
●あなたにとって、大切なのはどんな人たちか。その人たちと何をしたいか
●休日の過ごし方は？　好きなものは何か
●やる気が出るのは何をしているときか
●今、夢中になっているものは？
●なりたくない未来とはどんな未来か
●大金が入ったら、何を買うか、または何をしたいか

その人の願望を尋ねることで、なりたい未来を考えるヒントになります。次は、「その未来をイメージできたら、そのために何をしているのか」と、現在地を知るための質問をします。

なりたい未来と現在地とのギャップを知り、自己評価をしてはじめて、人は自

分の行動を見直そうとします。

うまくいっていない人は何をどうすればよくなるのか、改善点があるとしたらどこか、さらによくするための工夫を本人に考えてもらう、それが私の面談スタイルです。

その時間を共有したことをきっかけに、ビジネスのみならずプライベートも充実した人たちが大勢います。わずかですが、例を挙げます。

●離婚したが、離れ離れになった子どもたちとの関係が良好になり、今も続いている
●離婚して孤独でつらい日々を送っていたが、いいパートナーと出会い再婚した
●親子関係、または夫婦関係がよくなった
●契約がなかなかとれなかったが、成果を出せる営業になれた
●本当にやりたいことが見つかった

笑顔で毎日出勤する社員が増えるのは、私にとってもうれしいことです。私を「モチベーター」と呼ぶ社員もいますし、お母さん的存在だと言ってくれる人も

います。社内で徐々にそんな存在になり、経理事務員だった私が専務取締役にまで昇格することができました。それまで以上に社員や会社を好きになり、楽しく仕事ができるようになりました。

ただ、社員面談が1カ月で25人にのぼるときもありました。通常業務をしながら面談の時間をつくるのはたいへんだったので、社内勉強会をすることを思いつきました。1対1の面談で同じ話を何度もしている自分に気づき、1対マスでやれば、面談時間も短くできるのではないかと思いました。

これまで「新入社員弘子塾」「幹部弘子塾」「マネジメント弘子塾」など、様々な勉強会を企画しました。弘子塾と名づけたのには理由があります。社長も「社長塾」という勉強会を毎週金曜日に開催しているからです。社長から勉強会の文化が始まり、今では幹部社員も「○○塾」という勉強会をして、部下の教育に励むようになっています。

いくつも表れた変化のきざし
娘との関係性もよくなる

健康住宅に「学ぶ文化」が形成されたおかげで、会社組織全体に好影響が表れ始めました。例えば、裸足で上がれるくらい建築現場をきれいにしたことで、「魅せる現場コンテスト（現場きれい推進協議会）」で3年連続最優秀賞をいただき、殿堂入りを果たしました。

現場をきれいにすると、工期短縮にもつながり、現場を見たお客様が安心して家づくりを弊社に任せてくださるため、業績も向上しました。

また最近では、2023年7月に福岡県糸島市の認定こども園を建設いたしました。大型木造建築の幼稚園は、創業以来はじめてです。現場監督も職人さんたちも今までの経験を最大限に活かし、チームワークと技術で見事に完成させられたおかげで、また幼稚園の受注をいただくことができました。

今や戸建て住宅のみならず、リフォーム・リノベーション工事、施設なども請け負える企業に成長しました。

仕事だけではありません。よく喧嘩していた娘との関係にも変化がありました。娘の願望にも耳を傾けるようにしたのです。社員面談ではありませんが、娘との時間を意識してとり始めると、今までいかに娘の話を聞いていなかったのかがわかりました。そんな私の至らなさに気づき、語尾が「さい」の言葉をできるだけ使わないように努めたら、娘がたくさん話をしてくれるようになり、娘の学校生活のこともよくわかり、心が通じ合うようになりました。おかげで喧嘩もなくなり、家で気分よく過ごせるようになったのです。あの勉強会をきっかけに、私の考え方が変わり、人との関わり方や家族関係が変わり、仕事でもパフォーマンスが上がっていきました。

それまでまったく勉強しなかった娘も、小学校6年生の夏休みに突然、「私立中学に行きたい」と言い出し、猛勉強するようになりました。成績もみるみる上がり、自らの力で合格を手にすることができました。中学生になってからも、友達との関係や学校生活での悩みなど、いつも話を聞くように心がけました。親子で意見が食い違うことも多々ありましたが、娘にとって宇宙一の理解者でありたい、そのスタンスを常に大事にしました。そんな娘も現在高校3年生、自分の将来をしっかり考えられる大人になりました。東京でひとり暮らしをしたい。東京の大学に進学したい、ひとりでチャレンジしてみたい、と最近は言うようになり、彼女も少しずつ私たちから親離れをしようとしています。さびしい気持ちは正直ありますが、社会に旅立とうとしているなとうれしくもあります。

感謝に生きるということ

経営者の妻として生きることをテーマにここまでお話ししました。それまで忙しすぎた私は、心を亡くし、自分を見失っていたなと今にして思います。「忙しい」という字は、「心を亡くす」と書きますよね。まさに私がそうでした。がむしゃらに生きることで、何かを成し遂げようとしていたのかもしれません。ただ幸せになりたくて、がんばってきた人生でした。でも、幸せになりたくても、どうすることもできない過去、特に肉親との関係に苦しんでいました。

しかし、ある勉強会との出会いから、いろいろなことに感謝できる自分に生まれ変わりました。そこで教わった「考え方が変われば、人生が変わる」「思考の中に未来がある」、まさにこのふたつの言葉の通りです。否定的に考えていた頃はやはりマイナスの現象を引き寄せていましたし、肯定的に物事をとらえると、プラスの現象が起こりました。

あらゆる現象の源は、すべて自分であると考えるようになってから、私は悩みから解放されました。私の人生に大きな影響を与えてくれた雅子さんも、とてもポジティブな方でした。実は、私の夫もポジティブ思考の持ち主です。私はいつも周囲のすばらしい人たちに助けられ、支えられ、本当にラッキーだったと思います。

私は31歳のときに甲状腺のがんになりました。手術しないで死のうと思いました。家族と離れ、たったひとりで、孤独に生きていました。正月、ゴールデンウイーク、お盆は、家族連れで幸せそうに過ごす人たちを見るのがいやで、家でひとり映画鑑賞をするような人間でした。私ががんで苦しんでいたとき、夫が一生懸命、手術するよう説得してくれました。当時の夫は会社経営がうまくいっておらず、お金もなく、妻もいない、厳しい状況にありました。にもかかわらず、「きみは僕のオアシスだよ。死ぬなんて言わないでくれ」と言ってくれた、あのひとことがあったから、今の私があるのです。

その後、手術は成功し、私と彼は結婚しました。かわいい娘も生まれました。しかし、毎日がせわしなく、ちょっとしたことから関係がこじれ、夫婦で半年以上口をきかない冷戦の時代もありました。夫に嫌悪感を抱いていたときは、家庭も仕事もうまくいきませんでした。すべては自分の思考から始まっています。

そのことに気づいた私が、清水の舞台から飛び下りるほどの勇気をふりしぼって行動したことがあります。それは実の両親に会いに行くことです。がん宣告を受けてから一度も会わず、連絡もとっていなかった絶縁状態の両親。過去には多くのことがありましたが、やっとそれを解消できたと思えた瞬間、私を産んでくれた実の母にどうしても会いたくなりました。大嫌いで、ずっと避けてきましたが、いつも心の中は穏やかではありませんでした。

17年の月日が流れていましたが、私は勇気を出して会いに行きました。

「生んでくれてありがとう」

死ぬまでに直接伝えたい、と思っていた言葉をようやく口にすることができました。

夫と結婚し、娘が生まれ、畑中の両親や健康住宅に関わる優しい人たちと出会い、今が本当に幸せだと思えたとき、私はやっと両親に対するネガティブな感情を解消することができました。長い、長い年月がかかりましたが、父も母も生きています。私は間に合いました。

今では、母と時折ランチに行く関係にまでなりました。2023年1月、母の76歳の誕生日には、母、私、娘の三代揃って焼肉屋さんでお祝いをしました。芸能人が来るようなおしゃれな店をはりきって予約し、私は生まれてはじめて母とビールで乾杯することができたのです。母と飲むキンキンに冷えたビールは本当においしかったです。

娘はというと、私の母との食事がはじめてだったので緊張していたようです。でも、食事中にお互いの食の好みが似ていることがわかると、驚いていました。やっぱりDNAはすごいですね。そして店を出て、別れ際に言われた母の言葉が私の心をよりいっそう温かくしてくれました。

「弘子、こんなに幸せな誕生日は今までに過ごしたことがない。本当にありがとう！」

それを聞いた瞬間、母もこれまでたくさん苦労してきたんだな、これからはもっと優しくしてあげたいと思いました。この経験も、すべてのことに感謝して生きよう、ポジティブな思考を選択して生きようと思えるきっかけとなりました。

今、経営が思うようにいかない方、仕事や家庭がうまくいかない方へ、まずは思考のベクトルを感謝に変えてみてください。きっと人生がいい方向に動きだすと思います。みなさんにも、みなさんを愛してくれる人、大切に思ってくれる人が近くにいます。その方のことを思い浮かべてみてください。その方は、みなさんの幸せを心から願ってサポートし続けてくれていますよ。

この章では、私自身がよく相談される「経営者の妻」の立場からお話しさせていただきました。経営者の妻ならではの悩みをここで共有したことで、同じ立場で悩んでいる方たちの友人のような存在になれたらうれしいです。そして、みなさんのよりよい人生につながれば本望です。最後まで読んでくださり感謝申し上げます。

第6章

成功の鍵は
ポジティブ思考

正道を行けば、道は拓ける
「人の集まる会社」のつくり方

この章の主人公

代表取締役社長
畑中《はたなか》 直《すなお》（65歳、創業26年目）

著者から見た畑中直社長

健康住宅株式会社の創業者であり、私の配偶者でもある畑中直社長についてお話ししたいと思います。

2005年、私が33歳、彼が46歳のときに結婚しました。年齢を見ておわかりの通り、13歳の年の差夫婦です。彼は結婚が2回目、私とは再婚です。前妻との間に息子がふたり、私との間に娘がひとりいます。

結婚したのは会社を創業して7年目の時期で、受注は順調、売上も右肩上がり、経営はうまくいっているように見えました。しかし、彼の父親の会社がバブル崩壊で抱えた莫大な借金を肩代わりしたために資金繰りは非常に厳しく、実は倒産一歩手前の状態でした。

寝室で一緒に寝ていても、彼が苦しそうにうなされて飛び起きる日も少なくありませんでした。まだ赤んぼうの娘と私、そして社員たち。彼が家族と会社と社員を守ろうと必死になっていることだけは、一緒に暮らしていて理解できました。

経営者の妻として、そばで見ていて胸が痛くなることは一度や二度ではありませんでした。

会社経営というのは、想像以上にたいへんなことです。愛する家族を幸せにしようとがんばる一方で、経営者として社員とその家族の生活を守り、さらには健康住宅の売り上げに頼り、必死でついてきてくれる多くの協力会社のみなさんの生活を守らなければなりません。そのため様々なことに果敢にチャレンジし、立ち向かうさなか、理不尽に裏切られるなど、ひどい目に遭うこともあります。

そばで見ていて、経営者のつらさやしんどい面だけでなく、原動力となる熱い想いをみなさんにも知っていただきたいと思いました。それは、みなさんの勤める会社の代表者様もきっと同じだと思うからです。社員を守り、幸せにするためにどうしたらもっと会社をよくできるか、誰よりも真剣に考えている人、それが会社のリーダーである社長なのです。

しかし、なかなかそれが社員に届かない、わかってもらえないと悩む方が多いのも事実です。だからこそ、経営者と社員との間にある、立場の違いから生まれる溝を少しでも埋めることができればと思い、今回書くことにしました。社長、幹部、社員全員が志を共有するひとつのチームとなって、最高の商品、最高のサービスをお客様に提供する。それこそが社会から愛される企業になる唯一の道だと思います。

弊社はまだまだ発展途上ですが、私たちの目指す理想の会社にするために、全員で一丸となって、人間力や専門能力を向上させようと日々努力しています。

なかでも、畑中社長は「研修オタク」を自称するほど、全国各地で評判の研修やセミナーに積極的に参加し、自己研鑽を重ねています。そこで得た多くの学びや、これまで自分の経験した喜び、逆境、感動について毎週金曜日の社内勉強会で話しています。勉強会は約1時間、全社員参加です。そこで自らの体験を社員と分かち合うことで、創業者の想い、企業理念と社員の志を一致させ、会社全体に「正道を行く」組織をつくる姿勢を浸透させようとしています。その勉強会はもう10年以上続いています。

社長が勉強会でどんな話をしているのか、社外の方にお伝えする機会はめったにありませんので、この章の内容は今回はじめて公開するエピソードばかりです。畑中直社長が65年の人生でつかみとった「成功の鍵」とはいったい何か。経営者の方には、企業理念を浸透させるヒントになるかと思いますし、幹部や社員の方には、上司の気持ちを少しでも理解できるきっかけになればうれしいです。成功する秘訣、人生を幸せにするコツをたくさん見つけて、未来のリーダーになってくださいね。それでは、畑中直さんにお話しいただきます。

代表取締役社長
畑中 直

健康住宅株式会社の代表をしている畑中直と申します。このたびは、この書籍を手にしていただき、本当にありがとうございます。これまで、著者の畑中弘子による4人の社員と彼女自身の実話をすでに読まれて、みなさんはどのように思われましたか。健康住宅というのは、かなりいい会社だなと思っていただけたのではないでしょうか。自分で言うのも何ですが、いい会社に育ってきているなと感じています。

創業は1998年ですから、もう四半世紀を超えます。ここまで続けることができたのも、私たちに家づくりを任せてくださったお客様があってのことです。そして、社員やたくさんの協力会社様がいてくれたおかげです。この場を借りて心より御礼申し上げます。

会社経営でもっともつらかった「あのとき」

弘子専務から、この2冊目の本に私の話を載せたいという話があったときは、正直驚きました。1冊目は、健康住宅で働く社員の「すばらしいところ」をまとめ、自分自身のすばらしさに気づいてほしい、それを読んだ一般の方にも自信と誇りを持ってほしいと、弘子専務が社員7人にインタビューし、涙あり笑いありのすてきな作品に仕上がったと思います。

ただ、出版後に「社長の話はないの？」と数人に言われたそうです。私としても妻が書く本に、社長とはいえ夫の私が登場するのはどうかなあと思ったのですが、専務に押し切られる形でインタビューに応じました。

はじめに、専務から「会社経営で一番きつかったのはいつですか」と聞かれました。あらためて向き合って尋ねられたとき、思わず出た言葉が自分でも意外でした。いつもは妻に対しても弱音など吐かないのですが、自然と出てきたのは「倒産すると思った『あのとき』」のひとことでした。

私が以前勤めていたのは、父の経営する「まるは」という不動産会社です。「はたなか」の頭文字の「は」を〇で囲んだ、「まるは」という単純な社名です。マンションや建売戸建て住宅などの販売が主で、ピークの頃は売上が100億円に届こうかという、地元ではある程度名の知れた会社でした。

30代半ばの影響力のある社長の息子。当時の肩書は専務取締役。会社のナンバー2として、父の経営を横で手伝う日々を送っていました。経済的にもゆとりがあり、ふたりの息子にも恵まれ、幸せでした。その順風満帆な人生が一転したのが、1990年のバブル崩壊。これがまるはの社運を大きく変えることになりました。

その頃、誰もが「バブル期に大儲けした蓄積があるぶん、数年は持つだろう、そのうち景気も戻ってくるだろう」と考えていましたが、バブル崩壊の影響はその後も尾を引き、同業他社がどんどん倒産していきました。保険金で会社の借金を返済しようと自殺する社長も出てきました。父の親友の社長は短銃自殺しました。亡くなったあと、父宛てに郵便で届いた彼の遺書は、今も大事に金庫に保管しています。

社員を救済するため父の会社からたったひとりで独立

当然、まるはもみるみる資金繰りが悪化し、つらい日々が続きました。社長と私の給料をゼロにして、社員の給料を捻出することも少なくありませんでした。当時の妻との関係も悪くなり、別居して10年後に結局、離婚に至りました。バブル崩壊後、金もなくし、妻もなくし……という情けないありさまでした。

社長である父は「借金は俺が（天国に）全部持っていくから心配するな」と言うような、苦しくても弱音を吐かない昔気質の人間でした。ただ、資金繰りが厳しく、倒産寸前という現状は家族にも社員にも伝えられず、父と私のふたりだけの秘密でした。

まるはが倒産すると感じた私は、新たに「健康住宅株式会社」を設立し、たったひとりの社員兼社長となりました。設立の目的は、父に最後までついてきてくれた20人ほどのまるは社員を救済することでした。バブル崩壊前に100人近くいた社員は次々と退職し、私たちを信じて残ってくれた社員たちをなんとか救済したい、その一心で創業した会社です。この会社を軌道に乗せ、なんとか成功させなければ、私の家族も社員の家族もみんなが路頭に迷うことになります。だから死にもの狂いでした。

借金だらけのまるはは銀行からお金を借りられないので、土地を購入しなくても経営できる注文住宅にシフトする以外、道はありませんでした。他社と差別化できる商品を探すために私は全国を駆け巡りました。当時はSNSなどありませんから、目につく住宅情報誌をほぼすべて購入し、経営がうまくいっていると評判の住宅会社や、いわゆる「行列のできる工務店」をピックアップしては、その会社や展示場にノーアポで突然の訪問を繰り返しました。

「こんにちは！　九州の福岡から来ました、健康住宅の畑中と申します」

高性能住宅との出会い そして悪夢の押印

九州の住宅会社は、家の「性能」に関する知識がたいへん遅れており、当時の業界内では、東北や北海道の家づくりが断然、進歩的でした。そのため東北や北海道を主に巡っていたところ、約束もせずにやってきた突然の訪問者に対して、住宅会社の社長や店長はとても親切に対応してくれました。

「福岡？　そんな遠くから来たの？」

九州から来たというだけで非常に驚かれ、どの方も時間をとって親切丁寧に「断熱」「気密」「換気」「樹脂サッシ」など、それまで私が耳にしたことのないノウハウから仕入れ先、メーカーまで、なんでも教えてくれました。今でも、あの頃のことを思い出すと、胸が熱くなります。心底、感謝しています。

おかげで、「高性能住宅」「高気密・高断熱」「お客様へ寄り添う家づくりの楽しさ」などの価値観を手に入れることができました。現在の健康住宅の「性能に妥協しない家づくり」の基本は、その頃生まれたものです。

そして、ついに1998年、健康住宅の第1棟目の「高性能住宅」が完成します。ありがたいことに、私のことを高く買ってくれている大学時代の先輩が「おまえなら大丈夫」と、吉田様というお客様を紹介してくれたのです。吉田様はすべてを私に任せてくれました。

創業1年目、私はその吉田様の入居前のお宅を、モデルルームとして3カ月お借りすることができました。「夏はヒンヤリ冬はぽかぽか」をキャッチフレーズに、その3カ月の間になんと10棟ものご契約をいただくことができたのです。その10棟のお客様たちが、また新たなお客様に「高性能住宅」の住み心地を語り、噂になり、口コミが広がり、数多くのご紹介につながりました。

あまり聞き慣れない「高性能住宅」が、なぜ「夏はヒンヤリ冬はぽかぽか」なのか。本当に「エアコン1台で冬でも家中が暖まり、夏は涼しい」のか。話題を聞きつけたマスコミの取材が押し寄せてきたことを覚えています。吉田様のおかげで今の健康住宅があるといっても過言ではありません。

2年目に20～30棟、3年目には40～50棟を受注したのも、嘘のような本当の話です。福岡で有名な「ふくおか経済」という月刊誌に、当時の私が取材されて掲載されています。2001年1月号です。創業が1998年8月ですから、ものすごいスピードで成長したことがおわかりだと思います。逆に言えば、そのくらい福岡の家づくりは立ち遅れていて、「冬は寒く、夏は暑い」家しかなかったのです。

おかげさまで順調に売上を伸ばして業績を安定させ、まるはに17人残っていた社員すべてを健康住宅に転籍させることができました。あとは、赤字にあえぐまるはを、父ひとりでどうにかして清算する……手はずでした。

しかし、創業5年目、健康住宅が業績好調だと知った銀行の担当者が、私のところに来て言いました。

「健康住宅が債務を引き受ければ、お父さんの会社を救済できます。まるはが所有する本社と賃貸ビル2棟を買い取ればいいのです。本社は有効利用すればよいでしょう。賃貸ビル2棟は元本・金利含め所有経費が毎年5000万円必要ですが、家賃が4000万円入ってきます。差額わずか1000万円の負担です」

その提案書を見たとき、買い取りは不可能に思えませんでした。財務の知識がなかった私は父に相談もせず、平然と7億の借り入れの印鑑を押しました。自信に溢れ、父を救済した高揚感に包まれていました。

住宅を売っても売っても お金が残らない

この押印によって、会社の経営が一気に傾き始めたことを知ったのは数カ月後でした。

あいかわらず業績は好調でしたが、経理担当者が「お金が足りません」と言ってくる。「え?」と不審に思い、税理士に尋ねると、こう言われました。

「4000万円の家賃が入りますが、健康住宅は赤字ではないため、税金が2000万円増えます。所有経費が5000万円必要なので、毎年3000万円、キャッシュが出ていくんです。ご存じなかったんですか」

愕然としました。

「私は何も知らない……そんなこと誰も教えてくれなかった」

健康住宅は一瞬にして、毎年キャッシュが3000万円も余分に出ていく会社に転落していました。私の無知が原因で、経営する会社を危機に追い込んでしまったのです。

売っても、売っても、その利益は借り入れの元本返済と金利の支払いにあてられ、さらに3000万円のキャッシュが手もとから消えてしまう。社員はがんばっているのに、私のせいで一気に業績が悪化し、その不甲斐なさと社員への申し訳なさ、自分の馬鹿さ加減にほとほとあきれ、真剣に会社を清算しようかとまで考えました。

「会社をやめたい」

生まれてはじめて「死にたい」と思いました。今思うと、精神状態は普通ではありませんでした。プライベートでは別居を経て離婚したので、私はいつも誰もいない真っ暗な6畳一間のマンションに帰る、孤独な日々を送っていました。

2004年頃のことです。

「きみは僕のオアシス」

私は45歳になっていました。健康住宅がスタートしたときは39歳。6年の月日が流れていました。

借金返済の毎日。もうやめてしまいたい。その頃、唯一、私を救ってくれる存在がありました。

同じ業界でたまたま知り合った友人のひとりでした。身寄りもなく、家庭環境が複雑でしたが、たったひとりで、一生懸命生きている女性でした。

彼女とは驚くほど食べ物の好みが合いました。居酒屋でメニューを見ていると、私が食べたいと思うものを先に「これ、おいしそうね」と言って、ほほ笑むのです。そして、本当においしそうに食べる姿に、私はとても癒されました。みなさんもそんな経験ありませんか。気をつかわずにいられる相手、それが彼女だったのです。私と食事することがホントに楽しいんだな、いつもそんなことを感じさせてくれる女性でした。

どちらかというと、くよくよしがちな私と違い、彼女は細かいことを気にしない、ざっくばらんな性格でした。心がすさんでいた私は、少しずつ彼女に連絡することが増えていきました。凹んでいるときに彼女に会うと、いつも元気になれましたし、彼女にだけは苦しい胸の内や弱音を吐露することができました。

「もう会社やめようかと思う。借金返済が苦しくて、経営がつらい。会社が倒産したらどうする?」

彼女はそれを聞くと、即座に
「そんなの、私が畑中さんを食べさせるから心配しないでいいわよ。給料安いから贅沢はできないけどね」

と、笑顔でさらりと言ってくれました。

彼女のその言葉にどれだけ救われたか。「ホントにいいやつだな」と心から思いました。おかげで、倒産の危機に直面していても、気持ちを前向きにすることができました。

「経営者なんだから、あきらめるなんて選択肢はない。死ぬ気でやれば何とかなる！」


それから1年くらい経ったある日、彼女から「1週間ほど検査入院するので会えない」と言われ、その数日後、か細い声で「お見舞いに来てほしい」と連絡がありました。

ただごとでないと感じた私は、病院へ飛んでいきました。

「実は私、がんだったの。手術しないでこのまま死のうかな。親も兄弟も、誰もお見舞いに来てくれないし。もう疲れちゃった」

とっさに私の口から

「弘子は、僕のオアシスなんだ」

という言葉が出てきました。必死で、手術をするよう彼女を説得しました。彼女は泣きながら、何度も「ありがとう」と繰り返しました。

この女性が著者の畑中弘子で、私の妻です。

インタビューされて気づいたのですが、私も妻もどん底の時期が偶然重なっていて、互いが互いの存在に助けられていたようです。月並みですが、運命の出会いだったのかなと思います。

はじめてふたりで食事をした日からずっと、彼女は私の心の支えでしたが、私たちはその頃から真剣に付き合い始め、のちに結婚することになります。

読書と特撮物が大好きな少年博士

健康住宅の社長になり、26年も経営していると、いろいろと予期しないことが起こります。父の借金以外にも、数々の困難を幾度も乗り越えてきました。みなさんも、人生経験豊富な方は特に、どうしようもない逆境に必死に立ち向かってこられたのではないでしょうか。もしくは、今それを乗り越えようと、懸命にがんばっている最中かもしれません。

偉そうなことを言える立場ではありませんが、困難を克服する際に役立つ「思考の癖」があります。

「ポジティブに物事を考える」こと、ただそれだけです。

私がなぜ、ポジティブ思考になれたのか。過去に遡ってお話しいたします。

私は、小学生の頃からとにかく読書が好きでした。父親は福岡県京都郡苅田町《みやこぐんかんだまち》で小さな映画館を経営し、毎日家族全員が映画館で忙しく働いていたので、私の遊び友達は本でした。

もちろん、映画館に遊びに来た同級生と、やくざ映画やゴジラ映画を見ることはよくありました。当時の私のあだ名は「博士《はかせ》」。ウルトラマンなどの特撮物が大好きで、怪獣の身長や体重などをほとんど暗記していたからです。読書と映画が好きな眼鏡をかけた男の子、それが私でした。

小学校2年生のとき、わが家の映画館が火事で全焼しました。新聞の一面に載るほど大きな真夜中の火事でした。火災元は映画館のボイラー室で、私が寝る部屋の隣でしたが、間一髪で同居していた叔父に抱きかかえられ、助かりました。私たち家族は住む家も財産もすべてなくし、突如ひと晩で貧乏になりました。

映画館が火災の元凶であったために、私たちは住み慣れた町を追われるように出ていきました。祖父母、両親、私と弟ふたり、まだ幼い叔父や叔母たち、総勢11人が福岡市の小さな3Kの県営団地に引っ越しました。

父は不動産会社に就職し、まったくの未経験にもかかわらず、土地や住宅不動産の営業をして家族を養ってくれました。決して裕福ではありませんが、家族みんなで幸せに静かに暮らしていました。

私は3人兄弟の長男です。3番目の弟の賢ちゃんには、重度の脳障害がありま す。1歳の知能しかなく、60歳を超えた今も障碍者専門の施設で過ごしています。前置きが長くなりましたが、実は賢ちゃんのある事件をきっかけに、「俺はいざというときはやれる男だ」という自信を身につけることができたのです。

「俺は何があっても大丈夫」高校時代の成功体験

私が高校生の頃、父が痔の手術をし、自宅で療養していました。私たち家族は団地の3階に住んでいたのですが、あるとき、賢ちゃんが突然、てんかんの発作を起こして昏倒しました。てんかんは怖い病気ではありませんが、はじめて目にした人はとても驚きます。私たちもそのときはじめて目にしました。

発作を起こして倒れた賢ちゃんは、けいれんし、唇は黒く、目の白目は赤く染まり、皮膚がみるみる青くなりました。さっきまでの血色のいい元気な姿から一転し、私たちはみんな、賢ちゃんはこのまま死んでしまうのではないかと思いました。

療養中の父は動くことができず、ただ息子の名前を何度も呼びながら抱きしめるほかありませんでした。母は救急車を呼ぼうと電話をかけたものの、動揺して住所を伝えられず、パニック状態に陥っていました。

そんな両親を見て、私はまず母から受話器をとり、電話口の救急隊員に冷静に自宅の住所を告げました。そして、サイレンの音が近づくと、団地には似た建物がたくさん並んでいるので、救急車が迷ってはいけないと考え、父に賢ちゃんを動かさないように伝え、1階にすばやく駆け下り、救急車の音がするほうへ走り、手招きして自宅へ誘導しました。

駆けつけた救急隊員がすぐに応急処置を行い、賢ちゃんは無事に病院へ運ばれ、事なきを得ました。

「しっかりしたお兄ちゃんやね」

静かな団地に救急車が来たので、近所の人の多くが心配そうに家から出てきて、その一部始終を見ていたそうです。

「あんたはここぞというときに頼りになるんやね。たいしたもんや。賢ちゃんが無事で本当によかった」

母のこの言葉は本当にうれしかった。この体験が、私に「自分は何があっても大丈夫」という根拠のない自信を形成してくれた気がしています。

私は今まで何度も苦難に襲われましたが、そのたびに、「自分は、いざというときにすごい能力を発揮できる男だ」と、この高校生のときの成功体験を思い起こすようにしています。すると、不思議な勇気と元気が湧いてきます。自己暗示のようなもので、まさに根拠のない「自信」ですが、健康住宅の社員にも、よくこの話をします。

「自信」は事実ではなく、単なる「思い込み」です。苦難や未知の出来事を前にしたときの恐れや不安、それらを払拭するのが、過去の成功体験によって形成される「自信」です。それを何度も思い出すことで、まずは自分の可能性を認めてあげることから始めてほしい、と伝えています。

私はポジティブに物事をとらえることで、数々の問題を解決してきましたし、ポジティブ思考になると、いろいろなことがおのずとうまくいきました。そして、何度も成功体験を積み重ねることによって、さらに自信が形成されていくのです。

会社が倒産の危機に遭ったときは弘子専務の存在に助けられましたが、彼女ががんに見舞われたときは、やはりこの高校時代の成功体験を思い出していました。

「俺がしっかりしていれば、がんは治る。俺がこいつを守る」と。

社長になるまで知らなかった父の横顔

健康住宅の社長になって26年。私にはもうひとつ大切にしている想いがあります。それは父のことです。経営していた映画館が全焼したあと、一文なしになった父は、不動産会社で働き始め、当然のことながら車など買えない状況でした。

不動産会社に勤めたことがある方はご存じだと思いますが、住宅や土地の案内に車は必需品です。しかし、中小企業の不動産会社に社有車は少なく、昔の営業担当は自家用車を使うのが普通でした。完全歩合制の厳しい業界ですので、契約をとれないと収入はゼロ、生活が困窮してしまいます。車のない父は、公共交通機関を使って、現地の案内をしていたようです。

そのことを私は、健康住宅の社長になったあと、父と同年代の同業のA社長から聞きました。ある飲み会で隣の席になったA社長は、成功して業界で有名になった父のことをあまり快く思っていない様子でした。どちらかというと小馬鹿にした感じで、当時の父の無様な姿を息子の私に伝えること自体を楽しんでいるようでした。

父の勤めた不動産会社には、お客様に最初に声をかけた営業がそのお客様の担当になる、というルールがあったそうです。つまり、お客様に一番に声をかけないと営業成績を上げられず、お給料がもらえないわけです。

「おまえの親父は車も持たんで営業しよった（車も持たないで営業をしていた）。客は車で来るけんね（車でくるからね）。おまえの親父は旗をふりまわしながら、顔を真っ赤にして、客の車を走って追いかけよった（追いかけていた）。笑える話やろ（話だろう）」

A社長は豪快に笑っていました。

飲み会の帰り道、そのときの父の「形相」を想像すると、涙がぽろぽろ流れました。悔しい気持ちはまったくありませんでした。そんな父の表情を私は見たこともありませんし、父からそんな話を一度も聞いたことがありません。今となっては、ただ、ただ、天国の父の大きな愛を感じるばかりです。振り返ると、このことを教えてくれたA社長に感謝しないといけないなあとすら思います。

ご多分にもれず、私たちは親子喧嘩ばかりしていましたが、A社長のおかげで、体を張って、顔を真っ赤にして、旗をふりまわしながら走る父の様子を知ることができました。その見たことのない父の「形相」が、私が健康住宅の社長として、父の息子として、成功しなければいけない理由を明確にしてくれました。それが今の私を支える土台となっています。

「変わりたい人」と「変わりたい会社」しか変われない

健康住宅の企業理念は「正道を行く」です。

これまで、ポジティブ思考になるきっかけの出来事などをお話ししましたが、そもそもどうしてそんな考え方ができるようになったのかを少しお伝えしようと思います。

子どもの頃から読書好きだった私は、歴史に残る人物の伝記や、多くの良書との出会いから学んだことも大きいのですが、社会人になってからは「研修オタク」でもありました。

創業時、全国を飛びまわっていた頃、各地で興味深いセミナーがあれば、まずは受講していました。富士山麓で2週間ほど缶詰状態になる、「地獄の特訓」と呼ばれるハードな研修に参加したこともあります。社長になったばかりの自分に自信がありませんでしたし、変わりたい、今よりよくなりたい、立派になりたいという想いが強かったのだと思います。社内で社長が一番勉強しないといけないし、一番立派でなければいけないことは確かなのですから。

会社も同じです。「変わりたい会社」しか変わることはできません。

先代のまるは時代のバブル崩壊の経験からも様々なことを学びました。消費税が上がる直前、空前の住宅駆け込み受注もありました。駆け込み受注が終わると、驚くほど市場が冷え込み、まったく受注のとれない苦しい時期も経験しました。地震・水害・台風などの天災、リーマンショック、コロナショック、ウッドショック、ウクライナショックなど、外的なネガティブ要因は数えきれません。

これからも様々なことが起こるはずです。時代の流れは、ほぼ予測できません。そんなとき、みなさんはどうされますか。嘆き悲しんでいるだけでは、何も変わりません。

私は、平穏なときに、どんなことが起きても動じない人間力や専門能力など、自分の可能性を最大限に活かすことをまず考えます。もちろん、会社の仕組みや商品開発、人材の育成など、経営者としてやるべきことはたくさんあります。それらを後回しにはできませんが、自分の能力は、その気になればいくらでも高められます。だから能力開発をやり続けるのです。そして共に働く、いわば運命共同体である社員の能力開発にも積極的なのです。

親が子どもに幸せになってほしいと教育するのは親の「愛」、学校の先生が教え子たちを社会に旅立てるように教育するのは先生の「愛」、そして、社会人になった大人に立派なビジネスパーソンになってもらいたいと教育するのは経営者の「愛」です。

もちろん、「変わりたい人」と「変わりたい会社」しか変わることはできませんが、「変わりたいと求める心」を育てることもまた教育であり、大切な「愛」だと思います。

「正道を行く」背筋が伸びる母からの言葉

私の母は、「お謡《うた》い」の先生だった祖母に厳しく育てられました。家にはいつも祖母のお弟子さんがいました。茶道や華道に並び、礼儀作法にとても厳しい世界で、立ち居振る舞い、言葉づかいや姿勢などをしっかり教育された母は、私たちを同じように厳しくしつけました。普段は笑顔で優しいのですが、怒るとものすごく怖い。一般的に、怒ったら口が汚くなりますが、母は真逆でした。言葉づかいが突然、丁寧になるのです。親戚の寄り合いで何か起こると、母の「しっかりしなさい！」のひとことでその場が収まる、そんな凛とした女性でした。

父を含めたわれわれ家族はもちろん、親戚や友人からも尊敬され信頼されていたと思います。8年前にすい臓がんで亡くなりましたが、死ぬときも立派な往生でした。母の思い出話をすると長くなるので割愛しますが、周囲から愛された立派な人生であったと思います。

母の兄である伯父は高校の教師で、私の憧れの人でした。肝臓がんを患い、47歳の若さであっというまに亡くなってしまいましたが、同性から見てもかっこいい、自慢の伯父でした。

私は小学校から高校まで、担任の先生にも恵まれました。運がよかったのだと思いますが、心から尊敬できる人格者ばかりでした。父の職業を継がなければ、きっと私は学校の先生になっていたと思います。伯父や担任の先生のような教師に憧れ、学校の先生になりたいと作文に書いたこともあります。

今の私に大きく影響を与えているのは、母や伯父、学校の先生たちであることは間違いありません。そんな私が、今では会社で頻繁に勉強会を開催し、社員教育と称して学校の先生のようなことをしているのですから、あの頃の夢をしっかり成就させていますね。


健康住宅の企業理念「正道を行く」は、どこからきたのか。

実は、私の母のふたつの口癖が影響しています。

ひとつ目は「お天道様はいつも見ているよ」です。人が見ていても、見ていなくても、恥ずかしい行動をしてはいけない。裏表なく行動しなさい。

ふたつ目は、先ほど少し触れた「しっかりしなさい」です。

私はこのふたつの母の口癖が大好きです。母亡き今も、思い出すと背筋がピンとします。

まさに「正道を行く」です。これが健康住宅の企業理念です。

人の集まる会社づくり

私は教師にはなれませんでしたが、中小企業の経営者として、社員の人生に責任があると思っています。伝えたいことが山ほどあるので、10年以上前から、毎週金曜日に1時間、社長塾という社内勉強会を行っています。

そこで、《K－J HEART》というわが社のクレド（信条や価値観）を解説したり、クレーム情報を共有したりするのですが、勉強会が嫌いで、大人になってまで勉強する必要性を感じない、能力開発に興味がないなどの理由から、去っていった社員も少なからずいます。少し前までは、なんでわかってくれないんだと悩んだりもしましたが、今はもうそんな人はひとりもいないと思います。逆に、価値観の合わない人が会社にいてもらっては困る、と考えるようになりました。

この価値観は、健康住宅の採用にも大きく影響しています。いわゆる「理念共感型採用」です。まだ弱小企業だった頃は、来るもの拒まずで採用していました。わが社に入社したいという人が少なかったので仕方ありません。しかし、今は違います。

会社が大きくなり、社会的信用を得て、社風のよい魅力的な組織になったことで、人が集まってくる会社になりました。人を選べない会社から、人が集まる会社に成長できたのです。これも「正道を行く」の企業理念を貫いた結果だと思います。

はじめに申し上げましたが、決して最初からこんな会社だったわけではありません。

経営者が学べば、社員自らが学ぶようになります。成長をあきらめないかぎり、価値観に共感する成長意欲の高い人が集まってきます。そして会社は、健全な価値観を持つ意欲ある社員をより大切に育てるのです。もっとも大事なのは、悲観せず、常にポジティブに前向きに物事を考えること。わが社にもポジティブで優秀な社員がどんどん育ってきました。

だから今、コロナショックやウッドショックなどの厳しい外的環境にさらされても、私たちは安定した受注を続けられています。職人やパートナー企業のみなさんも離れずに応援してくれ、過去のお施主様（OBのお客様）からのご紹介受注が毎年47〜48%です。そんな人たちが集まる組織をつくれたことを私は誇りに思います。

これまでの人生を振り返って、逆境のときこそ、自分が一番成長できたと思います。

まるはの資金繰りが苦しく、銀行から融資を受けようと奔走していた頃、「あの会社は倒産する」と噂が流れ、ほとんどの什器備品が現金と引き換えでしか仕入れることができませんでした。父とふたりで、ある銀行の常務に融資をお願いに行くと、応接室で1時間待たされ、結局会ってもらえず、帰りの車中で父から「俺が死んだら、いくら保険金入るか調べとけ」と言われたこともあります。信じられない裏切りにも遭いました。

でも今思うと、すべて自分に責任がありました。そして、それら全部が自分の成長に欠かせないものばかりでした。まさにこれが「ポジティブシンキング」です。

経営者の方は、私と同じような経験をされることがあると思います。でも、くじけないでください。お天道様は見ています。人に恥じない生き方をしていれば、努力は必ず報われます。

目の前の困難と対峙するとき、ぜひポジティブに物事を考えてみてください。あなたがポジティブであれば、自然とまわりがポジティブ思考になっていきます。私はそうして道を切り拓いてきました。

私には人生の目的があります。

私のお葬式で社員のみなさんに「うちの社長、よくやったよね」と言ってもらうことです。もう少し先のことだと思いますが、その日まであきらめず、ポジティブに学び続けようと思います。

読者のみなさまも、一度しかない人生を悔いのないものにするために、ポジティブシンキングが成功の鍵と信じて、まずは試しに一歩を踏み出してみませんか。

私の愛する「ポジティブ」な妻、弘子専務がずっと私を支えてくれました。そして、この本のラストに私を選んでくれたことに心から感謝します。

最後までお付き合いくださり、ありがとうございました。

衷心より感謝申し上げます。

畑中弘子（はたなか・ひろこ）

健康住宅株式会社 専務取締役
一般財団法人 日本プロスピーカー協会 シニアプロスピーカー

福岡県出身。創業26周年を迎える住宅会社の専務取締役。2008年入社。仕事、育児、介護を両立させながら、管理部門と採用育成部門の責任者を務め、現在は後継者育成にも力を入れている。2019年に『小さな会社で本当にあった心に沁みる奇跡の物語』（現代書林）を刊行。自著で社員教育を行い、面談や勉強会などを通じ、業績が上がらずに悩んでいた部下が数億円の売上を達成するなど、マネジメント力には定評がある。選択理論心理学をベースにした子どもの自立心を育むコーチングセミナーや部下育成のマネジメント講演などで全国を飛びまわる。

健康住宅株式会社
https://www.kenkoh-jutaku.co.jp/

アチーブメント出版

［X（旧twitter）］
@achibook

［Instagram］
achievementpublishing

［facebook］
https://www.facebook.com/achibook

より良い本づくりのために、
ご意見・ご感想を募集しています。
お声を寄せてくださった方には、
抽選で図書カードをプレゼント！

人の集まる家づくり、人の集まる会社づくり

2024年（令和6年）4月26日　第1刷発行

著　者　畑中弘子

発行者　塚本晴久

発行所　アチーブメント出版株式会社
〒141-0031 東京都品川区西五反田2-19-2 荒久ビル4F
TEL 03-5719-5503／FAX 03-5719-5513
https://www.achibook.co.jp

装丁・本文デザイン　亀井文（北路社）
装画・挿絵　たかまるゆうか
社員イラスト　畑中優希
校正　宮崎守正
印刷・製本　株式会社光邦

ISBN978-4-86643-152-9